KB219952

옥야경

선생경, 수마제녀경, 재경, 식쟁인연경, 아나빈저경

큰글씨 한글경전

옥야경

2021년 4월 5일 초판 1쇄 발행

지은이 경전연구모임
펴낸이 이규만
디자인 B&D
펴낸곳 불교시대사

출판등록 1991년 3월 20일 제300-1991-27호
주소 (우)03149 서울시 종로구 인사동 7길 12 백상빌딩 1305호
전화 02-730-2500
팩스 02-723-5961
이메일 kyoon1003@hanmail.net

ISBN 978-89-8002-165-9 04220
ISBN 978-89-8002-161-1 04220(세트)

※ 잘못된 책은 교환해 드립니다.

※ 이 책의 수익금 1%는 어린이를 위한 나눔의 기금으로 쓰입니다.

옥야경, 선생경, 수마제녀경, 재경, 식쟁인연경, 아나빈저경

경전연구모임

불교시대사
1% 나눔의 기쁨

《옥야경》, 《선생경》, 《수마제녀경》, 《재경》, 《식쟁인연경》, 《아나빈저경》에 대한 해설

이 책에 실린 6권의 짧은 경전들은 다른 경전들에 비해 아주 독특한 개성을 갖고 있다. 부처님의 가르침은 멀고 높은 관념의 세계만을 지향하는 것이 아니라 바로 이 땅, 내 가족과 내 이웃의 구체적인 삶으로부터 출발한다는 인식이 이 경전들을 받치고 있는 배경이다.

《옥야경(玉耶經)》은 믿음 깊었던 급고독 장자의 며느리, 옥야가 그 주인공이다.

그녀는 급고독 장자의 아들에게 시집왔으나 친정의 위세를 믿어 교만 방자하기 이를 데 없었다. 그런 옥야에게 부처님께서 일곱 가지 아내의 유형을 예로 들며, 깨달음의 길을 일러주시는 것이 이 경의 내용이다.

어머니 같은 아내, 누이 같은 아내, 친구 같은 아내, 며느리 같은 아내, 종 같은 아내가 있는가 하면 원수나 도둑 같은 아내도 있다는 부처님의 말씀은 오늘날에도 그리 동떨어진 옛 이야기만은 아니다.

《선생경(善生經)》은 여섯 방향에 예배하는 선생 장자와의 문답을 통해 가족과 이웃 간의 생활윤리를 밝혀 주는 경이다.

선생 장자가 바라문의 법에 따라서, 매일 아침 깨끗이 목욕하고 육방에 예배하는 모습을 보신 부처님은, 불법에서 말하는 육방예(六方禮)를 설하신다.

부모는 동방이고 스승은 남방, 처자는 서방, 친족은 북방이며 아랫사람은 하방이다. 그리고 스승과 바라문은 상방이다.

이런 모든 방향, 다시 말하면 우리가 살아가면서 만나고 생활하는 모든 사람들이 행해야 할 다섯 가지의 도리와 마음가짐(伍事)을 설하신 경전이다.

《선생경》이 불교사에서 큰 의의를 갖고 있는 것은, 원시불교 시대에 있어 이만큼 정확하고 논리적인 체계로 재가신도들의 생활윤리를 설하고 있는 경전이 없다는 사실이다.

《수마제녀경(修摩提女經)》 역시 흥미로운 경전이다. 아나빈저 장자의 딸인 수마제녀가 출가할 즈음에 이른 장면에서부터 시작되는 이 경은, 불교신도가 부처님을 믿지 않는 집으로 시집갔을 때 일어나는 모든 상황을 다 설명하고 있다.

장자의 딸 수마제녀가 부처님을 믿지 않는 만재 장자의 며느리가 되는 장면에서 경전은 시작되는데 예나 지금이나 종교 간의 차이는 혼인에 있어 큰 문제임을 알 수 있다. 비록 문벌이 서로 걸맞고 재산이 비등하다 해도, 집안 간의 종교가 틀리면 딸을 출가시키기 어렵다는 아나빈저 장자의 말은 바로 이런 문제를 엿보게 한다. 이런저런 갈등 끝에 수마제녀는 만재 장자의 며느리가 되지만, 종교의 차이로 인한 갈등의 소지는 여전히 남아 있었다.

만재 장자는 자신의 집안이 섬기는 외도들을 집으로 초청한다. 이 자리에 나와 인사하라는 청을 며느리 수마제녀는 단호하게 물리친다. 그녀는 '목숨이 끊어질지라도 삿된 무리를 섬기거나 삿된 소견에 빠지지 않겠다'고 강변한다. 이런 소동 끝에 부처님의 거룩함을 찬탄하는 한 범지가 나타난다. 그는 만재 장자에게 며느리인 수마제녀가 정당하다고 말하며 과연 부처님이 어떤 분인가를 설명한다. 이 말을 들은 사람들은 비로소 삿된 소견에서 벗어나, 직접 부처님을 뵙고 믿음에 귀의하는 장면으로 경전은 마무리된다.

《재경(齋經)》은 재를 지내는 공덕에 대해서 설한 경이고《식쟁인연경(息諍因緣經)》은 사람 사이의 다툼과 싸움의 원인과 해결에 대한 부처님의 가르침이다.

이에 대한 불교적인 해답으로 제시되고 있는 것이 바로 육화경법(六和敬法)이다. 이런 실천적인 덕목을 몸소 행할 때, 모든 분쟁의 소지는 사라진다는 것이다.

《아나빈저경》은 장자 아나빈저가 자신의 아들들을 부처님께 귀의시키기 위해 고심한 내용으로 이루어져 있다. 참된 행복은 진리를 향한 구도의 정신이 뒷받침되어야 한다는 어버이의 마음이《아나빈저경》을 이루는 배경이다.

이 한 권의 책에 함께 들어 있는 《옥야경》, 《선생경》, 《수마제녀경》, 《재경》, 《식쟁인연경》, 《아나빈저경》은 한결 같은 공통점이 있다. 그것은 바로 참된 인간의 길이야말로 참된 구도자의 길이라는 부처님의 따뜻한 말씀이다.

차례

옥야경

제1장 이 경을 설하는 인연

이와 같이 나는 들었다.

부처님이 사위성 기수급고독원에서 계실 때였다. 부처님께서는 제자들에게 경전을 설하셨다.

이 때 나라 안에서는 급고독 장자의 아들을 위하여 한 장자의 딸을 며느리로 데려왔는데 그 이름은 옥야였다. 외모는 단정하고 매우 아름다웠으나 여자의 예법을 지키지 않았고 시부모와 남편을 가볍게 여기고 공경하지 않았다.

그래서 급고독 장자의 부부는 서로 의논을 했다.

"이 며느리가 아주 불순하니 어떻게 타일러야 하나. 만일 매를 친다면 좋은 방법이

아니고 가르치고 꾸짖지 않는다면 그 죄는 얼마나 더 할 것인가. 이런 사람은 오직 부처님이라야 교화할 수 있을 것이다."

하고 이튿날 아침에 의복을 차리고 부처님 계신 곳에 가서 머리를 숙여 발에 예배하고 앞으로 나아가 부처님께 여쭈었다.

"제가 자식을 위하여 장자의 딸을 며느리로 데려 왔는데 매우 교만하여 며느리가 예절을 지키지 않고 있습니다.

원컨대 부처님이시여, 우리들을 불쌍히 여기소서. 내일 청하옵니다. 제 집에 제자와 함께 들리시어 경을 설하여 며느리로 하여금 마음이 열리고 깨닫게 하여 주소서."

제2장 부처님이 법을 설하심

부처님이 곧 청을 받아들여서 장자가 기뻐하며 부처님께 예를 올리고 돌아갔다. 장자가 집에 이르러 이 사실을 널리 알리고 상과 자리를 장엄하게 꾸미었다. 이튿날 아침에 부처님이 1천 2백 5십제자를 데리고 장자의 집에 이르셨다.

장자가 즐겁게 여러 사람들을 청하여 집으로 들어왔다. 여러 사람이 좌정한 뒤에 각각 부처님께 예를 올리고 한 쪽에 물러섰다. 부처님께서 반식을 끝내고 경을 말씀하시는데 오직 옥야만이 교만하여 나오지 않았다.

부처님이 이를 불쌍히 여기고 큰 신통력[1)]

1) 신통력(神通力): 중생의 마음으로 헤아리기 어렵고 생각할 수 없는 무애자재한 능력.

을 발하여 장자의 집을 모두 수정 빛으로 변화시켰다. 안팎이 서로 비치어 조금도 막힘이 없었다. 옥야가 부처님의 삼십이상[2]과 팔십종호[3]가 비치는 것을 보고 소스라치게 놀라고 황공하여 곧 나와서 부처님께 예를 드리고 한 쪽에 서서 합장하고 머리를 숙이고 묵묵히 말이 없었다.

부처님이 옥야에게 말씀하시었다.

"여자가 얼굴이 아름답고 용모가 단정하다고 남편에게 공경스럽지 못하면 그 아름다움이 무슨 소용이 있으랴? 마음이 얌전하

---

2) 삼십이상(三十二相): 부처님의 몸에 갖추어진 32가지 표상. 이 상을 갖춘 이는 세속에 있으면 전륜성왕이 되고 출가하면 부처님이 된다고 함.

3) 팔십종호(八十種好): 부처님의 몸에 갖추어진 미묘한 표지로서 삼십이상에 따르는 잘 생긴 모양이라는 뜻. 삼십이상을 세밀하게 나누어 놓은 것.

고 행동이 바른 것이 단정함의 근본이다. 여인의 몸 가운데에는 열 가지 악한 일이 있는데 스스로 깨달아 알지 못한다. 무엇이 열 가지 악한 일인가?

하나는 부모에게 태어났을 때에 부모가 양육하기가 매우 어려운 것이요, 둘째는 임신하여 근심하는 것이요, 셋째는 처음 태어났을 때 부모가 기뻐하지 않는 것이요, 넷째는 양육하되 보람이 없는 것이요, 다섯째는 부모를 따라 다니면서 잠시도 떨어지지 않는 것이요, 여섯째는 어느 곳에서나 사람을 두려워하는 것이요, 일곱째는 항상 시집보내기를 걱정하는 것이요, 여덟째는 자라서는 곧 부모와 이별하는 것이요, 아홉째는 항상 남편을 두려워하는 것이요, 열째는 나서부터 죽을 때까지 자유롭지 못함이니, 이것을

열 가지 악이라 한다."

옥야가 두려워하여 부처님께 여쭈었다.

"부처님이시여, 원컨대 저는 천한 몸을 타고 나서 예절에 익숙하지 못하니 여자가 지켜야 하는 예절을 가르쳐 주시옵소서. 그 일이 어떤 것입니까?"

부처님이 옥야에게 말씀하셨다.

"여자가 남편과 시부모 및 어른을 섬기는데 다섯 가지 착한 것과 세 가지 악한 것이 있다."

무엇이 다섯 가지 착한 것인가? "하나는 남보다 늦게 눕고 일찍 일어나며, 맛있는 음식을 먼저 드리는 것이요, 둘째는 때리고 꾸짖어도 분하게 생각하지 않는 것이요, 셋째는 한 마음으로 남편을 섬겨 간사하고 음란하지 않는 것이요, 넷째는 남편이 오래 살기

를 원하면서 몸으로서 받들어 섬기는 것이요, 다섯째는 남편이 멀리가면 집안을 정리하여 두 마음이 없는 것이니, 이것이 다섯 가지 착한 것이다."

무엇이 세 가지 악한 것인가? "첫째는 남편을 가볍게 여기고 어른께 공경스럽지 못하며 맛있는 음식을 제가 먹으며 어둡지도 않아서 일찍 눕고 해가 올라와도 일어나지 않음이다.

남편이 가르치고 꾸짖으면 눈을 부릅뜨고 성내어 대답하는 것이요, 둘째는 남편을 보면 기뻐하지 않고 마음이 항상 그릇되어 다른 남자의 좋은 것을 생각하는 것이요, 셋째는 남편이 일찍 죽어서 다시 시집가기를 원하는 것이니, 이것이 세 가지 악한 것이다."

옥야는 묵묵히 대답이 없었다.

부처님은 옥야에게 말씀하시었다.

"세상에는 일곱 가지 종류의 아내가 있다. 너를 위하여 말해 줄 테니 잘 들어라. 하나는 어머니 같은 아내요, 둘째는 누이 같은 아내요, 셋째는 친구 같은 아내요, 넷째는 며느리 같은 아내요, 다섯째는 종 같은 아내요, 여섯째는 원수 같은 아내요, 일곱째는 생명을 빼앗는 아내다. 너는 이제 알겠느냐?"

옥야는 대답했다.

"그 뜻을 알지 못하겠습니다."

부처님은 말씀하시었다.

"잘 들으라. 내가 이제 말하리라. 무엇이 어머니 같은 아내인가? "남편을 사랑하고 생각하기를 어미가 자식을 사랑하여 밤낮

으로 키우고 길러 시간의 알맞음을 잃지 않는 것과 같이 하여 마음에 항상 어여삐 여겨 싫은 생각이 없다. 남편 생각하기를 자식같이 하니, 이를 어머니 같은 아내라 한다."

무엇이 누이 같은 아내인가? "남편을 받들어 섬기어 공경과 정성을 다하되 형제와 같은 마음으로 같은 피를 나눈 형상만 다른 골육의 형제로서 두 가지 정이 없는 것과 같다. 높고 무겁게 여기기를 누이가 형을 섬기듯 하므로 이를 누이 같은 아내라 한다."

무엇이 친구 같은 아내인가? "남편을 받들어 섬겨 지성으로 공경하고 따른다. 의지하고 생각하되 서로 떠나지 않으며, 사적이고 비밀스런 일을 항상 서로 의논하며, 행동이 어긋나고 잘못됨이 없도록 착한 일로 서로 가르쳐서 지혜가 더욱 밝아지게 한다. 서

로 친하고 서로 사랑하여 생활하기를 선지식[4]과 같이 하게 된다. 이것을 친구 같은 아내라 한다."

무엇이 며느리 같은 아내인가? "어른을 공양하여 정을 다하고 행을 다함에 변함이 없다. 깨끗이 아내의 예절을 닦아서 날이 지나도 소홀함이 없다. 나오면 의를 범하지 않고, 물러나면 예를 잃지 않아서 항상 부드러움으로 귀함을 삼나니, 이것을 며느리 같은 아내라 한다."

어떤 것을 종 같은 아내라 하는가? "마음을 항상 두렵게 가지고, 조심하여 감히 스스로 거만하지 않고 충과 효를 다한다. 입으로

4) 선지식(善知識): 부처님이 말씀한 교법(教法)을 말하여 다른 이로 하여금 고통세계를 벗어나 이상향에 이르게 하는 사람.

는 추한 말을 하지 않고 몸으로 방종한 행동을 하지 않아서 예절로 스스로 단속하기를 백성이 임금 받들 듯 하며, 남편이 공경하고 사랑하더라도 교만한 생각을 가지지 않는다. 얻어맞는 일이 있더라도 공경하여 받들며, 꾸짖고 욕하는 것을 당하더라도 묵묵히 말이 없으며, 고락을 달게 여겨 두 마음을 가지지 않는다.
아내의 도리를 닦아서 옷과 음식을 가리지 않으며 남편을 섬기기를 임금을 받들 듯 한다. 이것을 종 같은 아내라고 한다."

어떤 것을 원수 같은 아내라 하는가? "남편을 보면 좋아하지 않아서 항상 분노를 품으며, 밤낮으로 멀리 떨어지려 하며, 비록 부부가 되었으나 마음에 항상 억지로 사는 것같이 하며, 산란한 머리모양으로 누워만

있다. 두려워하고 피하는 것이 없으며 살림과 어린 자식을 돌보지 않으며, 몸으로 음탕한 일을 행하여도 부끄러운 줄 알지 못한다. 죄와 법에 빠지어 친척을 욕되게 하며, 남편을 미워하여 죽으라고 저주한다. 이것을 원수 같은 아내라 한다."

어떤 것이 생명을 빼앗는 아내인가? "밤낮으로 자지 않으며 독한 마음으로 엿보아 무슨 방편이든지 꾸미어 멀리 떠나려 한다. 독약을 먹이자니 남이 알까 두려워하며 다른 사람과 정을 통하여 사람을 시켜 해하려 하며, 다시 간부를 시켜 틈을 엿보다 남편을 죽이게 하여 죽은 뒤에 다시 시집가는 것으로 소원을 이루려 한다. 이것을 생명을 빼앗는 아내라 한다."

부처님은 이어 옥야에게 말씀하시었다.

"착한 아내는 영예가 있고 말과 행동에 법이 있어 친척과 주변 사람들이 모두 영화를 입고 천룡과 귀신이 그 몸을 옹호하여 횡액을 당하지 않는다.

재물과 보화가 날마다 생기며, 죽은 뒤에는 소원이 어긋나지 않아서 천상에 나서 궁전과 목욕하는 못이 가는 곳마다 있고 천인들이 즐거워한다.

천상에서 수명이 다하면 도로 세간에 나서 항상 부귀한 공후와 왕의 자손이 되어 단정하고 아름다운 몸가짐과 맵시로 사람들이 받들고 높인다.

악한 아내는 악한 이름을 얻어 현재의 몸이 편안함을 얻지 못하여 가끔 귀신이 가정에 나타나서 병을 일으키고 화를 부른다. 신명에게 도움을 구하나 마침내 죽음으로 돌

아가 오래 살지 못하며, 또한 악몽의 공포를 느끼어 소원이 이루어지지 않는다. 횡액을 많이 당하여 물과 불에 날마다 놀라며, 죽은 뒤에는 혼신이 형을 받아 지옥에 들어가서 아귀와 축생이 되며, 몸은 난장이가 되고 목구멍은 바늘구멍 같으며 몸이 무쇠평상에 누워서 수천만 겁을 견뎌야 한다.

죄받는 것이 끝난 뒤에 도로 악한 집에 태어나 굶주리고 옷도 없이 벌거벗고 지내며, 부지런히 일을 하여도 태어나서부터 죽을 때까지 편안함이 없다.

착한 일을 하면 착한 과보를 얻고 악한 일을 하면 스스로 악한 과보를 얻는 것이다. 선악이 이와 같으니, 빈 말이 아니다. 이것이 일곱 종류의 아내다. 너는 어떤 아내가 되려느냐?"

옥야는 눈물을 흘리며 부처님께 여쭈었다.

"제가 본래 어리석고 미련하여 남편에게 불순하게 하였습니다. 이제부터는 마땅히 종 같은 아내가 되어 제 수명이 다하도록 감히 교만하지 않겠습니다."

곧 꿇어 엎드려 십계와 삼자귀계[5]를 받아 부처님께 귀명하고, 법에 귀명하고, 비구승에 귀명하였다.

첫째, 살생하지 않는 것, 둘째 도둑질하지 않는 것, 셋째 음란하지 않는 것, 넷째 함부로 말하지 않는 것, 다섯째 술을 마시지 않는 것, 여섯째 악한 말을 하지 않는 것, 일곱

---

5) 삼자귀계(三自歸戒): 불문에 처음 귀의할 때 하는 의식. 삼귀계(三歸戒), 삼귀의(三歸依)라고도 함. 불(佛) · 법(法) · 승(僧)에 귀의함을 말함.

째 꾸며서 억지로 고운 말을 하지 않는 것, 여덟째 질투하지 않는 것, 아홉째 눈 흘기고 성내지 않는 것, 열째 착한 것을 믿어 착한 응보를 얻는 것이니 이것을 십계라 하는데 우바이가 행하는 것이다.

제3장 부처님의 당부

부처님이 경을 말씀하시는 것을 마치고 여러 제자들과 함께 돌아가시려 하자 급고독 장자와 권속이 기뻐하여 부처님께 예배하고 물러갔다. 옥야는 꿇어 엎드려 거듭 부처님께 여쭈었다.

"제가 본래 어리석고 미련하여 남편에게 교만하게 하였습니다. 이제 부처님의 교화

와 지도를 입사와 마음을 깨우쳐 환하게 열리었습니다.

부처님이 옥야에게 말씀하셨다.

"지금부터는 너의 집을 잘 꾸며 가라."

옥야가 대답했다.

"부처님의 가르침을 받아 조금도 어긋나지 않게 하겠습니다."

그녀는 머리를 조아려 발에 예배하고 물러갔다.

선생경

제1장 이 경을 설하는 인연

이와 같이 나는 들었다.

부처님께서 왕사성의 기사굴산에서 덕 높은 제자 1천 2백 5십 명과 함께 계실 때였다.

그 때 부처님은 때가 되어 가사를 입고 바루를 가지고 성 안에 들어가 밥을 빌었다. 그 때 성 안에 선생(善生)이라는 장자의 아들이 있었다. 그는 이른 아침에 성을 나와 동산으로 가서 소풍하고 갓 목욕하여 몸이 젖은 채로 동 · 서 · 남 · 북 · 상 · 하의 모든 방위를 향해 두루 예배했다. 그 때 부처님은 선생 장자가 동산으로 나가 소풍하고 갓 목욕하여 온몸이 젖은 채로 모든 방위를 향해 절하는 것을 보셨다. 부처님은 그것을 보시고 곧 거기 가시어 선생에게 말씀하셨다.

"너는 무슨 까닭으로 이른 아침에 성을 나와 동산 속에서 온몸이 젖은 채로 모든 방위를 향해 절을 하느냐?"

그러자 선생은 부처님께 여쭈었다.

"우리 아버지가 임종 때에 제게 유언하셨습니다. '네가 예배하고자 하거든 마땅히 먼저 동방 · 남방 · 서방 · 북방 · 상방 · 하방에 예배하라.'고. 저는 아버지의 유언을 감히 어길 수 없어 목욕한 뒤 합장하여 동방을 향해 예배하고 남 · 서 · 북방과 상 · 하 모든 방위에도 두루 그렇게 하는 것입니다."

그 때에 부처님은 선생에게 말씀하셨다.

"장자의 아들아, 그것은 방위의 이름이 없는 것이 아니다. 그러나 우리의 현성법 가운데에는 그 육방을 예배함으로서 공경을 삼지 않는다."

제2장 부처님께서 육방예경에 대해서 설하심

선생은 부처님께 여쭈었다.

"바라옵건대, 부처님께서는 저를 위하여 현성법[6]에서 육방을 예배하는 법을 말씀해 주소서."

부처님은 장자의 아들에게 말씀하셨다.

"자세히 듣고 잘 생각하라. 마땅히 너를 위하여 설명하리라." 선생은 대답했다.

"예, 그리하오리다. 원컨대 기꺼이 듣고자 하나이다."

---

6) 현성법(賢聖法): 성인과 현자의 법. 성인이란 진리를 증득하고 미혹하고 어지러운 마음을 끊어 범부의 성품을 버린 사람. 현자는 선으로 화하여 악을 여의었어도 아직 무구청정한 진지를 발하여 진리를 증득해서 미혹한 마음을 끊지 못하여 범부의 자리에 있는 사람.

부처님은 선생에게 말씀하셨다.

“만일 장자나 장자의 아들이 4결업(結業)을 알고 네 곳에서 악행을 짓지 않으며 또 능히 여섯 가지의 손재업(損財業)을 안다면 그야말로 선생이라 할 것이다. 장자나 장자의 아들이 4악행을 떠나 육방을 예경한다면 이승에서 착하고 저승에서도 착한 갚음을 얻을 것이요, 이승에서 뿌리가 되면 저승에서도 뿌리가 될 것이다. 현재에서 지자(智者)의 칭찬하는 바람대로 세상의 한 과를 얻으면 몸이 무너지고 목숨이 끝나 드디어 하늘의 좋은 곳에 날 것이다.”

“선생아, 마땅히 알라. 4결행(結行)이란 무엇인가. 첫째는 살생이요, 둘째는 도둑질이요, 셋째는 음탕이요, 넷째는 거짓말이다. 어떤 것이 네 곳인가. 첫째는 욕심이요, 둘

째는 성냄이요, 셋째는 두려움이요, 넷째는 어리석음이다. 만일 장자나 장자의 아들이 이 네 곳에서 악을 지으면 곧 손해가 있을 것이다."

부처님은 이렇게 말씀하시고 다시 게송을 지어 말씀하셨다.

탐욕과 성냄과 두려움과 어리석음
이 네 가지를 행하는 사람은
그의 명예가 날로 줄어들기를
마치 보름달이 그믐달로 기우는 것 같네.

부처님은 다시 선생에게 말씀하셨다.

"만일 장자나 장자의 아들이 이 네 가지 악을 짓지 않으면 곧 이익 됨이 있을 것이다."

그 때 부처님은 게송을 지어 말씀하셨다.

탐욕과 성냄과 두려움과 어리석음
이런 악행을 짓지 않는 사람은
그 명예가 날로 더해 가기를
마치 그믐달이 보름달로 차오르는 것 같네.

부처님은 선생에게 말씀하셨다.

"6손재업(損財業)은 무엇인가? 첫째는 술에 빠지는 것이다. 둘째는 노름질하는 것이다. 셋째는 방탕한 것이다. 넷째는 기악(伎樂)에 정신을 잃는 것이다. 다섯째는 악한 벗을 만나는 것이다. 여섯째는 게으른 것이니 이것을 6손재업이라 한다.

선생아, 만일 장자나 장자의 아들이 4결행을 알고 네 곳에서 악행을 짓지 않으며 또

6손재업을 안다면 이것이 선생이 네 곳에서 떠나 육방을 공양하는 것이 될 것이다. 지금이 좋으면 뒤에도 좋고 이승의 뿌리는 저승에서도 뿌리가 된다. 현재에 있어서 지자(智者)가 칭찬하는 세상의 한 과(果)를 얻으면 몸이 무너지고 목숨이 다해도 하늘의 좋은 곳에 날 것이다.

선생아, 마땅히 알라. 술을 마시면 여섯 가지 손실이 있다. 첫째는 재물을 없앤다. 둘째는 병이 난다. 셋째는 싸운다. 넷째는 나쁜 이름이 퍼진다. 다섯째는 화가 사납게 난다. 여섯째는 지혜가 날로 줄어든다.

선생아, 만일 저 장자나 장자의 아들이 술 마시기를 그치지 않으면 그 집의 재물은 날로 줄어들 것이다.

선생아, 노름질에도 여섯 가지 손실이 있

다. 어떤 것이 여섯인가. 첫째는 재산이 날로 없어진다. 둘째는 이기더라도 원한을 낳는다. 셋째는 지혜로운 사람에게 나무람을 듣는다. 넷째는 사람들이 공경하거나 믿지 않는다. 다섯째는 사람들이 꺼린다. 여섯째는 도둑질할 마음을 낸다.

선생아, 이것은 노름으로 인한 여섯 가지 손실이다. 만일 장자나 장자의 아들이 노름질하기를 그치지 않으면 그 집의 재물은 날로 줄어들 것이다.

방탕에도 여섯 가지 손실이 있다. 첫째는 자기 몸을 보호하지 못한다. 둘째는 재물을 보호하지 못한다. 셋째는 자손을 보호하지 못한다. 넷째는 항상 스스로 놀라고 두려워한다. 다섯째는 모든 괴로움과 악한 것이 항상 그 몸을 감싼다. 여섯째는 허망한 내기를

좋아한다. 이것이 방탕의 여섯 가지 손실이다. 만일 장자나 장자의 아들이 방탕하기를 그치지 않으면 그 집의 재산은 날로 줄어들 것이다.

미혹한 선생아, 기악에도 여섯 가지 종류가 있다. 첫째, 노래를 찾는다. 둘째, 춤을 찾는다. 셋째, 거문고와 비파를 찾는다. 넷째, 손뼉소리. 다섯째, 북. 여섯째, 이야기다. 이것을 기악의 여섯 가지 손실이라 한다. 만일 장자나 장자의 아들이 기악을 즐기어 그치지 않으면 그 집의 재산은 날로 줄어들 것이다.

악한 벗을 가지는 데도 여섯 가지 손실이 있다. 첫째, 수단을 써 속인다. 둘째, 그윽한 곳을 좋아한다. 셋째, 남의 집 사람을 홀린다. 넷째, 남의 물건을 탐내고 훔친다. 다섯

째, 재물의 이익을 따른다. 여섯째는 즐거이 남의 허물을 파낸다. 이것을 악한 벗의 여섯 가지 손실이라 한다.

만일 장자나 장자의 아들이 악한 벗을 사귀기를 그치지 않으면 그 집의 재산은 날로 줄어들 것이다.

게으름에도 여섯 가지 손실이 있다. 첫째, 부(富)하고 즐거우면서 일하기를 좋아하지 않는다. 둘째, 가난하고 궁하다면서 부지런히 일하지 않는다. 셋째, 추운 때라 하여 부지런히 일하기를 즐겨하지 않는다. 넷째, 더운 때라하여 일하기를 즐겨하지 않는다. 다섯째, 때가 이르다하여 부지런히 일하기를 즐겨하지 않는다. 여섯째, 때가 늦다하여 부지런히 일하기를 즐겨하지 않는다.

이것이 게으름의 여섯 가지 손실이다. 만

일 장자나 장자의 아들이 게으름에 빠져 있으면 그 집의 재산은 날로 줄어들 것이다."

부처님은 다시 게송으로 말씀하셨다.

술에 홀려 빠지는 사람
그에게는 또 다른 술꾼이 따른다.
재산이 바로 모였다가도
어느새 다시 흩어져 버리네.

술 마시면서 절도가 없고
언제나 노래 · 춤의 유희를 즐기며
대낮에도 남의 집까지 찾아가 논다.
그로 인해 스스로 구렁텅이에 빠진다.

나쁜 벗 사귀어 방탕을 일삼고
도 닦는 사람을 비웃는다.

삿된 소견으로 세상이 웃고
행실은 난잡해 남에게 버림받는다.

좋다 나쁘다 겉모양에 집착하고
다만 중요하게 여기는 건
승부를 다투는 일
악한 일 그치지 않아
제자리로 돌아올 줄 모르고
더러움 행해 남에게 버림받는다.

술독에 빠져 정신 못 차리고
가난하고 궁할 것 생각하지 못하고
재물을 가벼이 여겨 사치를 좋아하다가
가정은 파탄이 나고 재앙을 불러오네.

노름과 술 마시는 무리를 짓고

음탕한 남의 여자 기웃거리며
더러운 행실을 사랑하고 익히나니
마치 보름달이 그믐달로 기우는 것 같다.

악한 일을 행하여 악한 과보 받으며
악한 벗들과 악업을 지으니
이승에서나 또 저승에서나
언제나 얻는 것 하나도 없네.

낮에는 도리어 잠자기 좋아하고
밤에는 깨어 노닌다.
홀로 멍청하여 착한 벗 없고
집안의 살림살이 다스릴 줄 모르네.

일찍이 다 늦다하여 일하기 싫어하고
춥다 덥다하여 변명하고 게으르나니

하는 일은 하나도 끝맺지 못하고

또 다시 다 된 일도 허물어진다.

만일 추위와 더위 가리지 않고

아침저녁으로 힘써 정진하면

무슨 일이고 어려움 없어

마침내 근심 걱정 사라지리라.

부처님은 선생에게 말씀하셨다.

"짐짓 착한 듯한 네 원수가 있으니 너는 마땅히 깨달아 알라. 어떤 것을 네 가지 원수라 하는가? 첫째, 두려워해 엎드리는 것이다. 둘째, 아름다운 말이다. 셋째, 공경하고 순종하는 척하는 것이다. 넷째, 악한 벗이다.

두려워해 엎드리는 데에는 네 가지 일이

있다. 어떤 것이 네 가지 일인가? 첫째, 먼저 주었다가 뒤에 가서 빼앗는 것이다. 둘째, 적은 것을 주고 많은 것을 바라는 것이다. 셋째, 두려워하므로 억지로 가까이하는 것이다. 넷째, 이익을 얻기 위해 친해지는 것이다. 이것을 두려워해 엎드리는 것의 4사, 즉 네 가지 일이라 한다.

아름다운 말의 친함에도 다시 4사가 있다. 어떤 것이 네 가지 일인가? 첫째, 선악을 다 따르는 것이다. 둘째, 어려움이 있으면 버리는 것이다. 셋째, 겉으로 착한 척하여 가만히 방해하는 것이다. 넷째, 위태로운 일이 생길 때는 곧 배척하는 것이다. 이것을 아름다운 말의 친함의 4사라 한다.

공경하고 순종하는 친함에도 다시 4사가 있다. 어떤 것이 네 가지인가? "첫째, 먼저

속이는 것이다. 둘째, 뒤에 속이는 것이다. 셋째, 현재에 속이는 것이다. 넷째, 조그마한 허물만 보아도 곧 매질하는 것이다. 이것을 공경하고 순종하는 친함의 4사라 한다.

악한 벗의 친함에도 다시 4사가 있다. 어떤 것이 네 가지인가? 첫째, 술 마실 때에 벗이 되는 것이다. 둘째, 도박할 때에 벗이 되는 것이다. 셋째, 음탕할 때에 벗이 되는 것이다. 넷째는 노래하고 춤 출 때에 벗이 되는 것이다. 이것을 악한 벗의 친함의 4사라 한다."

부처님은 이렇게 말씀하시고 다시 게송을 지어 말씀하셨다.

두려워 엎드리면서 억지로 친한 척하네.
아름다운 말의 친함 또한 마찬가지.

공경하고 순한 모습 또한 거짓 친함이요
악한 벗은 악함으로 친하네.

이런 친한 것들은 믿을 수 없나니
지혜로운 사람은 언제나 알라.
마땅히 빨리 그것을 멀리 떠나
마치 위험한 길을 피하듯 하라.

부처님은 선생에게 말씀하셨다.

"친할 만한 것에도 4친(親)이 있다. 그것은 이익 되는 바가 많고 또 사람의 구호가 된다. 어떤 것이 네 가지인가? 첫째, 허물을 그치게 하는 것이다. 둘째, 사랑하고 가엾이 여기는 것이다. 셋째, 사람을 이롭게 하는 것이다. 넷째, 일을 함께 하는 것이다. 이것이 친할 만한 4친으로서 사람을 이롭게 하

고 사람을 도우는 것이니, 마땅히 그것을 친근히 하라.

선생아, 허물을 그치게 하는 것에 4사(事)가 있어 이익 되게 하는 바가 많고 사람을 도와준다. 어떤 것이 네 가지인가? 첫째, 사람이 악한 일을 하는 것을 보면 곧 그것을 그치게 하는 것이다. 둘째, 사람에게 정직한 도리를 보여주는 것이다. 셋째, 사랑하는 마음과 가엾이 여기는 생각이다. 넷째, 사람에게 하늘 길을 보여주는 것이다. 이것에 네 가지 허물을 그치게 하는 것으로서 이익 되는 바가 많고 사람을 돕는 것이다.

다시 사랑하고 가엾이 여기는 데에도 네 가지가 있다. 첫째, 남의 이익을 보면 대신 기뻐하는 것이다. 둘째, 남의 악을 보면 대신 걱정하는 것이다. 셋째, 사람의 덕을 칭찬

하고 기리는 것이다. 넷째, 남이 악을 말하는 것을 보면 곧 그것을 그치게 하는 것이다. 이런 네 가지 사랑하고 가엾이 여기는 것으로서 이익 되는 바가 많고 사람을 돕는다.

사람을 이익 되게 하는데도 네 가지가 있다. 어떤 것이 네 가지인가? 첫째, 그를 보호하여 방일하지 않게 하는 것이다. 둘째, 그의 방일과 손재(損財)를 보호하는 것이다. 셋째, 그를 보호하여 두려워하지 않게 하는 것이다. 넷째, 가만히 서로 가르쳐 훈계하는 것이다. 이런 네 가지가 사람을 이익 되게 하는 것으로서 이익 되는 바가 많고 사람을 돕는다.

일을 함께 하는 데에도 네 가지가 있다. 어떤 것이 네 가지인가? 첫째, 그를 위해 신명을 아끼지 않는 것이다. 둘째, 그를 위해

재물을 아끼지 않는 것이다. 셋째, 그를 위해 그 두려움을 구제해 주는 것이다. 넷째, 그를 위해 가만히 깨우쳐 훈계하는 것이다. 이런 네 가지 일을 함께 하는 것으로서 이익되는 바가 많고 사람을 돕는다."

부처님은 이렇게 말씀하시고 다시 게송을 지어 말씀하셨다.

허물을 억제하고 악함을 막는 친함이요,
사랑하고 가엾이 여김은 다른 이를 위한
친함이라.
남을 이롭게 하여 그를 도와주는 친함과
일을 함께 하되 자기 것을 같이하는
친함이 있다.

이런 친함은 이에 친할 만한 것으로

지혜로운 이들이 가까이 하는 것.
친한 중에도 짝할 만한 친함이 없어
마치 어머니가 아들을 돌보듯 한다.

만일 친할 만한 친함을 친하고자 하거든
마땅히 견고한 친함을 친하도록 하라.
친하는 이 계행이 구족하면
불빛이 이 사람을 비추듯 하리라.

부처님은 선생에게 말씀하셨다.

"마땅히 육방을 알라. 어떤 것이 육방인가? 부모는 동방이요, 스승은 남방이다. 아내는 서방이요, 친척은 북방이다. 종들은 하방이요, 사문 바라문의 모든 행이 높은 사람은 상방이다.

선생아, 대개 사람의 자식이 된 자는 마땅

히 다섯 가지 일로 부모에게 경순(敬順)하라. 어떤 것이 다섯 가지인가? 첫째는 주면서 받들어 모자람이 없게 하는 것이다. 둘째, 무릇 할 일이 있으면 먼저 부모에게 사뢰는 것이다. 셋째, 부모의 하는 일에 순종하여 거슬리지 않는 것이다. 넷째, 부모의 바른 명령을 감히 어기지 않는 것이다. 다섯째, 부모가 하는 바른 직업을 끊이게 하지 않는 것이다.

선생아, 대개 사람의 자식이 된 자는 이 다섯 가지 일로써 부모에게 경순해야 한다. 부모도 또 다섯 가지 일로써 그 아들에게 사랑해야 한다. 어떤 것이 다섯 가지인가? 첫째, 자식을 제어하여 악을 행하는 것을 용서하지 않는 것이다. 둘째, 가리키고 일러주어 그 착한 것을 보여주는 것이다. 셋째, 그 사

랑이 뼈 속까지 스며드는 것이다. 넷째, 자식을 위해 좋은 짝을 구하는 것이다. 다섯째, 때에따라 그 쓰임을 대어주는 것이다.

선생아, 자식이 부모에게 경순하고 진실하게 받들면, 그는 안온하여 걱정이나 두려움이 없을 것이다.

선생아, 제자가 스승을 공경하고 받드는 데에도 다시 다섯 가지 일이 있다. 어떤 것이 다섯 가지인가? 첫째, 필요한 것을 대어주는 것이다. 둘째, 예경하고 공양하는 것이다. 셋째, 존중하고 우러러 받드는 것이다. 넷째, 스승의 가르침이 있으면 경순하여 어김이 없는 것이다. 다섯째, 스승에게 법을 듣고는 명심해 잊지 않는 것이다.

선생아, 대개 제자 된 자는 마땅히 이 다섯 법으로써 스승을 공경하고 섬겨야 한다.

스승도 다시 다섯 가지 일로써 제자를 잘 보살펴야 한다. 어떤 것이 다섯 가지인가? 첫째, 법을 따라 다루는 것이다. 둘째, 듣지 못한 것을 가르쳐 주는 것이다. 셋째, 묻는 바를 따라 뜻을 알게 해 주는 것이다. 넷째, 착한 벗을 보이는 것이다. 다섯째, 아는 것을 다 가르쳐 주어 인색하지 않는 것이다.

선생아, 제자가 스승을 진정으로 받들고 공경하면 그는 안온하여 걱정이나 두려움이 없을 것이다.

선생아, 남편이 아내를 공경하는 데에도 또한 다섯 가지 일이 있다. 어떤 것이 다섯 가지인가? 첫째, 서로 대접하기를 예의로써 하는 것이다. 둘째, 위엄을 지키는 것이다. 셋째, 언제나 의식을 대어야 한다. 넷째, 때에따라 장엄하는 것이다. 다섯째, 집 안 일

을 맡기는 것이다.

선생아, 이와 같이 남편은 다섯 가지로 아내를 공경하고 대접해야 한다. 또한 아내는 다시 다섯 가지 일로써 남편을 공경해야 한다. 어떤 것이 다섯 가지인가? 첫째, 먼저 일어나는 것이다. 둘째, 나중에 앉는 것이다. 셋째, 부드러운 말을 쓰는 것이다. 넷째, 공경하고 순종하는 것이다. 다섯째, 뜻을 먼저 알아 받드는 것이다.

선생아, 남편이 아내를 공경하고 대접함을 이같이 하면 그녀는 안온하여 걱정이나 두려움이 없을 것이다.

선생아, 대개 사람 된 자는 마땅히 다섯 가지 일로써 친족을 친하고 공경해야 한다. 어떤 것이 다섯 가지인가? 첫째, 베풀어주는 것이다. 둘째, 착한 말을 쓰는 것이다. 셋

째, 이롭게 하는 것이다. 넷째, 이익을 한 가지로 하는 것이다. 다섯째, 속이지 않는 것이다.

선생아, 이 다섯 가지 일로써 친족을 친하고 공경해야 한다. 친족도 또 다섯 가지로 사람을 친하고 공경해야 한다. 어떤 것이 다섯 가지인가? 첫째, 방일에서 보호하는 것이다. 둘째, 방일의 손재(損財)에서 보호하는 것이다. 셋째, 두려워하는 자를 보호하는 것이다. 넷째, 가만히 서로 가르쳐 훈계하는 것이다. 다섯째, 항상 서로 칭찬하는 것이다.

선생아, 이렇게 친족을 친하고 공경하면 그는 안온하여 걱정이나 두려움이 없을 것이다.

선생아, 주인은 다섯 가지 일을 잊지 말고 하인을 가르쳐야 한다. 어떤 것이 다섯 가지

일인가? 첫째, 그 능력에 따라 부리는 것이다. 둘째, 때에따라 음식을 주는 것이다. 셋째, 때에따라 수고를 위로하는 것이다. 넷째, 병나면 약을 주는 것이다. 다섯째, 휴가를 허락하는 것이다.

선생아, 이런 다섯 가지로 하인을 부리는 것이다. 하인도 또 다섯 가지로써 그 주인을 받들어 섬겨야 한다. 어떤 것이 다섯 가지인가? 첫째, 일찍 일어나는 것이다. 둘째, 일을 할 때에 빈틈없이 하는 것이다. 셋째, 주지 않으면 갖지 않는 것이다. 넷째, 일을 순서있게 하는 것이다. 다섯째, 주인을 명예롭게 하는 것이다. 이렇게 주인이 하인을 잘 대접하면 그는 안온하여 걱정이나 두려움이 없을 것이다.

선생아, 시주(施主)는 마땅히 다섯 가지 일

로써 사문 · 바라문을 공양해 받들어야 한다. 어떤 것이 다섯 가지 일인가? 첫째, 몸의 사랑을 행하는 것이다. 둘째, 입의 사랑을 행하는 것이다. 셋째, 뜻의 사랑을 행하는 것이다. 넷째, 때맞춰 보시하는 것이다. 다섯째, 문을 막지 않는 것이다.

선생아, 만일 시주가 이 다섯 가지로 사문 · 바라문을 공양해 받들면 사문 · 바라문은 또 6사로써 가르쳐야 한다. 어떤 것이 여섯 가지일인가? 첫째, 보호하여 악을 짓지 않게 하는 것이다. 둘째, 착한 것을 가르쳐 주는 것이다. 셋째, 선한 마음을 품게 하는 것이다. 넷째, 듣지 못한 일을 듣게 하는 것이다. 다섯째, 이미 들은 것은 잘 알게 하는 것이다. 여섯째, 하늘의 길을 열어 보이는 것이다.

선생아, 이렇게 시주가 사문 · 바라문을 공양해 받들면 그는 안온하여 걱정이나 두려움이 없을 것이다.

부처님은 이렇게 말씀하시고 다시 게송으로써 말씀하셨다.

부모는 동방이 되고
스승은 남방이 되며
아내는 서방이 되고
친족은 북방이 되며
하인은 하방이 되고
스승은 상방이 되네

모든 장자의 아들
모든 방위를 예경하고
공경하고 순종해

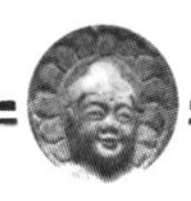

때를 놓치지 않으면
죽어서는 모두 천상에 태어나리.

은혜로운 보시와 부드러운 말
사람을 이롭게 하고
모두 이로워 나와 같으며
가진 것은 남과 함께 나눠 가진다.

이 네 가지는 진 짐이 많아
책임 무겁기 수레바퀴 같나니
그러나 세간에 이 네 가지가 없으면
효성스런 봉양은 있을 수 없네.

이 법은 세간에 있어
지혜로운 사람이 마땅히 행할 바,
이것을 행하면 큰 과보 얻고

아름다운 이름은 멀리 퍼지네.

평상과 자리를 엄하게 꾸미고
훌륭한 음식을 거기 차리어
마땅히 얻을 것 공급을 받고
아름다운 이름은 멀리 퍼지네.

친구는 서로 버리지 않고
서로를 돕고 이롭게 하여
위아래 구분 없이 부드럽게 지내면
여기에 비로소 좋은 명예 얻는다.

마땅히 먼저 기예를 익히라.
그래야만 재물을 얻으리
재물을 얻어 이미 구족하거든
마땅히 스스로 지키어 보호하라.

재물을 쓰되 사치에 빠지지 말고,
마땅히 줄 사람 가리어 주라.
남을 속이고 함부로 내닫거든
아무리 빌어도 주지 말아라.

재물을 모으되
적은 일에서부터 시작하라.
마치 여러 꽃을 모으는 벌처럼.
재물은 날로 점점 불어나
마침내 줄거나 다함없으리라.

첫째는 먹을 때 족한 줄 알고
둘째는 일을 하여 게으르지 않으며
셋째는 먼저 모으고 쌓아
그로써 구차할 때를 준비하라.

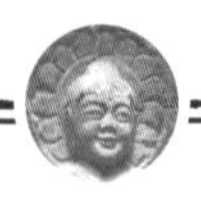

넷째는 밭 갈고 장사하며
목장 만들어 짐승 먹이고
다섯째는 마땅히 탑묘(塔廟)를 세우고
여섯째는 절의 요사를 일으켜라.
집에 있어 이 여섯 가지 업(業)
부지런히 힘써
잘 닦아 그 때를 놓치지 말라.

이와 같이 그 행을 닦는 사람은
곧 그 집에 재물이 줄어들지 않고
오히려 날로 점점 불어나
바다가 온갖 물을 머금은 것 같으리.

제3장 선생 장자의 다짐

그 때 선생은 부처님께 여쭈었다.

"참으로 좋습니다. 부처님, 그것은 실로 저의 본래의 소망보다 훨씬 드높은 가르침이라 아버지의 가르침을 넘었습니다. 엎어진 자로 하여금 우러름을 얻게 하고, 닫힌 자로 하여금 열림을 얻게 하며, 어리석어 헤매는 자로 하여금 깨달음을 얻게 하십니다. 어두운 방에 등불을 켜서 눈 있는 자가 보게 하는 것처럼, 부처님의 말씀도 그와 같아서 무수한 방편으로써 어리석고 어두움을 깨치게 하고 맑고 깨끗한 법을 나타내었습니다. 이것은 부처님께서 여래 · 지진(至眞) · 등정각(等正覺)이시기 때문에 능히 열어 보이시어 세상의 밝은 길잡이가 되신 까닭입

니다. 저는 이제 부처님께 귀의하고 가르침에 귀의하고 교단에 귀의하나이다.

오직 원하옵건대, 부처님은 제가 바른 법 가운데서 우바새가 되는 것을 허락해 주소서. 저는 오늘부터 시작하여 죽을 때까지 살생하지 않고 도둑질하지 않으며 음탕하지 않고 속이지 않으며 술을 마시지 않겠습니다."

그 때 선생은 부처님의 말씀을 듣고 기쁨에 넘쳐 받들어 행했다.

수마제녀경

제1장 이 경을 설하는 인연

이와 같이 나는 들었다.

부처님이 사위성 기수급고독원에 계실 때였다.

그 때에 부처님께서 1천 2백 5십의 큰 비구의 무리와 함께 계시었다.

이 때에 아나빈저[7]라고 하는 장자가 있었다. 그는 재물이 풍부하고 보화가 이루 헤아릴 수 없이 많았다.

이 때에 만부성 안에도 만재라는 장자가 있어 역시 재물이 풍부하고 보화가 많아서 문합 · 마노 · 진주 · 호박 · 수정 · 유리 · 코끼리 · 말 · 소 · 양 · 노비 · 복종 등이 이

7) 아나빈저: 아나타핀디카 또는 아난빈저라고도 함. 사위성 급고독(給孤獨) 장자의 이름.

루 헤아릴 수 없었다.

그 둘은 젊어서부터 서로 친애하고 존경하여 잠시도 잊지 못하는 사이었다. 또 아나빈저 장자는 항상 수천만의 보화를 만부성에서 팔아 만재 장자로 하여금 관리하게 하고 만재 장자도 수천만의 보화와 재물을 사위성에서 팔아 아나빈저 장자로 하여금 관리하게 하였다.

이 때 아나빈저에게는 수마제녀라는 딸이 있었으니 얼굴이 단정하기가 복숭아꽃 같아서 세상에서 보기 드문 미인이었다. 이 때에 만재 장자가 볼일이 있어서 사위성에 갔다가 아나빈저 장자의 집에 이르러 자리에 앉았다.

이 때 수마제녀가 고요한 방에서 나와 먼저 부모께 절하고 다시 만재 장자에게 절한

뒤에 도로 고요한 방으로 들어갔다. 이 때 만재 장자가 수마제녀의 얼굴 모양이 복숭아꽃 빛같이 단정하여 세상에서 보기 드문 미인인 것을 보고 아나빈저 장자에게 물었다.

"이는 누구 집 딸인가?"

아나빈저는 대답하였다.

"이는 내 딸일세."

만재 장자는 말했다.

"내게 자식이 있는데 아직 배필이 없다네. 우리 집으로 시집보낼 생각은 없는가?"

아나빈저 장자가 대답했다.

"일이 마땅치 않네."

만재 장자는 말했다.

"무슨 까닭으로 일이 마땅치 않은가? 문벌 때문인가, 재산 때문인가?"

아나빈저 장자는 대답했다.

"문벌과 재산은 서로 비등하지만 다만 섬기는 대상이 같지 않단 말일세. 내 딸은 부처님을 섬기는 석가의 제자이고, 자네는 외도 이학(異學)을 섬기니 이 때문에 자네의 뜻에 응할 수 없네."

만재 장자는 말했다.

"우리들은 따로 제사 지내고, 자네 딸 역시 따로 공양하면 그만 아닌가."

아나빈저 장자가 말했다.

"내 딸이 만약 자네 집으로 시집가게 되면 진귀한 보화를 수없이 내어야 할 것이네. 장자도 또한 재물과 보화를 수없이 내야 하네."

만재 장자는 말했다.

"자네가 지금 얼마의 재물과 보화를 요구

하나?"

아나빈저 장자는 말했다.

"내가 지금 황금 6만 냥이 필요하네."

이 때 만재 장자가 곧 황금 6만 냥을 주었다. 아나빈저 장자는 다시 생각했다.

'내가 임시방편으로 사절하려 한 것인데 오히려 막지 못하겠구나.'

그는 다시 말했다.

"설령, 내가 딸을 시집보낸다 하더라도 부처님께 가서 여쭈어 본 다음, 만일 부처님께서 가르치심이 있으면 마땅히 받들어 행하여야 한단 말일세."

제2장 수마제녀가 이교도와 결혼함

이 때 아나빈저 장자는 볼 일이 좀 있어서 잠깐 어디 다녀온다고 핑계대고 곧 문에서 나와 부처님 계신 곳에 이르러 절하고 한 쪽에 섰다.

아나빈저 장자가 부처님께 여쭈었다.

"수마제녀가 만부성 안에 사는 만재 장자의 아들에게 구혼을 받았는데 허락하여야 합니까, 허락하지 말아야 합니까?"

부처님께서 말씀하셨다.

"만일 수마제녀가 저 나라로 시집간다면 백성들을 이롭게 하고 주재함이 헤아릴 수 없을 것이다."

이 때 아나빈저 장자는 다시 이런 생각을 하였다.

'부처님께서는 방편으로써 저 땅에 가야 할 것을 아시는구나.'

장자는 절을 하고 부처님을 세 바퀴 돌아서 곧 물러나와 집에 돌아와 여러 가지 맛있는 음식을 장만하여 만재 장자를 대접하였다.

만재 장자는 말했다.

"내게 이 음식을 먹이는 것으로써 자네의 딸을 우리 집에 시집보내는 것으로 알겠네."

아나빈저는 대답했다.

"자네 뜻이 그렇다면 그대로 따를 터이니 15일 후에 자네 아들로 하여금 이곳에 오라고 하게."

이 말을 듣자마자 만재는 곧 물러갔다.

만재 장자는 필요한 것을 준비하여 우보거(羽葆車)를 타고 3천 2백 리를 따라 왔다.

아나빈저 장자도 자기 딸을 단장시키고 목욕을 시켜 향을 뿌리게 하고 우보거를 태워 딸을 데리고 가서 만재 장자의 아들을 맞이하러 갔다가 중간에서 마주쳤다.

만재 장자는 며느리를 얻어 만부성으로 데리고 갔다.

이 때 만부성 안의 백성에게는 제한된 법이 있으니, 만일 이 성 안의 여자가 다른 나라로 시집가면 중한 형벌을 당하고 또 다른 나라에서 며느리를 얻어서 이 나라로 들여와도 또한 중한 형벌을 당하는 것이었다.

이 때 그 나라에는 육천범지가 있었는데 나라사람이 받드는 제한의 말에 법을 범한 자는 육천범지에게 밥을 먹이게 되어 있다.

만재 장자는 스스로가 법을 범한 것을 알고 곧 육천범지에게 밥을 먹이기로 했다. 범

지가 먹는 것은 구운 돼지고기와 돼지고기 국과 여러 번 빚은 술이었다. 또 범지가 입는 의복은 혹은 흰 전(氈)을 입었으며, 혹은 가는 털옷을 입었다. 또 범지의 법에 입국할 때에는 옷을 오른 어깨에만 걸치고 반신은 내 놓는 것이었다. 장자가 말했다.

"시간이 되고 음식이 다 준비 되었습니다."

이 때 육천범지는 모두가 한 쪽만의 의상을 걸치고 반 쪽 몸은 드러내고 장자의 집으로 들어왔다. 장자가 범지들이 들어오는 것을 보고 설설 기어 앞으로 나가 맞으며 공경하여 예를 올렸다.

가장 큰 범지가 손을 들어 잘 한다고 칭찬하고, 앞으로 나와 장자의 목을 얼싸안고 자리에 나가 앉았다. 나머지 범지들도 각각 차례에 따라 앉았다.

제3장 수마제녀가 이교도를 교화함

육천범지가 좌정한 뒤에 장자가 수마제녀에게 말했다.

"네가 장엄하고서 우리들의 스승을 향하여 예를 하라."

수마제녀가 대답했다.

"그만두십시오. 아버님, 나는 벌거벗은 사람을 향하여 예를 할 수는 없습니다."

장자는 말했다.

"이것은 벌거벗은 사람이 아니다. 또 부끄러움이 없는 것도 아니다. 다만 입은 옷은 그의 법복이다."

수마제녀는 말했다.

"이 부끄러움이 없는 사람들이 모두 몸을 밖으로 드러내었으니, 어찌 법복이겠습니

까. 장자는 들어보십시오. 부처님께서 말씀하시기를 '두 가지 인연이 있어야 세상 사람이 존귀하게 여기나니, 이른바 참(慚)과 괴(愧)가 있어야 한다. 만일 이 두 가지 일이 없으면 부모 · 형제 · 종족 · 5친의 존비 고하를 분별할 수 없어서 저 닭 · 개 · 돼지 · 양 · 나귀 · 노새. 등 속과 모두 동류이어서 높고 낮은 것이 없게 된다. 세상에는 이 두 가지 법이 있음으로서 존귀의 차이가 있는 것이다'하셨습니다. 그러나 이 사람들은 이 두 법을 떠나서 닭 · 개 · 돼지 · 양 · 나귀 · 노새와 같은 무리에 속하니, 실로 그들에게 향하여 예를 할 수는 없습니다."

이 때 수마제녀의 남편은 그 아내에게 말했다.

"그대는 빨리 일어나서 우리들의 스승을

향하여 예배하라. 이 여러 사람들은 우리가 섬기는 하늘이다."

수마제녀는 대답했다.

"그만두시오. 이 양반아, 나는 이 참과 괴가 없는 사람들을 향하여 예를 할 수는 없소. 나는 지금 사람인데 나귀와 개를 향하여 예를 하다니요."

남편은 다시 말했다.

"그러지 말아요. 당신, 그런 말을 하지 마시오. 그대의 입을 조심하여 법을 범하지 말아야 해요. 이 사람들은 나귀도 아니고 미친 것도 아니요, 다만 입은 옷은 바로 법복일 뿐이요."

이 때 수마제녀는 슬피 울며 얼굴빛이 변하면서 말하였다.

"우리 부모와 5친이 차라리 오월(五月)의

형을 받아 생명이 끊어질지언정 끝내 삿된 소견 속에 떨어지지는 않겠소."

이 때 육천범지는 함께 소리를 높여 말했다.

"그만두시오. 장자여, 무슨 까닭으로 이 여자종을 시켜 이렇게 욕을 하는 것이오. 청하였으니 음식이나 가져오시오."

장자와 수마제녀의 남편은 곧 돼지고기, 돼지고기 국, 여러 번 빚은 술을 준비하여 육천범지를 모두 만족하게 먹였다. 여러 범지들이 음식을 먹은 뒤에 조금 논의하다가 곧 일어나 돌아갔다.

이 때에 만재 장자는 높은 다락 위에서 번민하고 근심하여 혼자 앉아 생각했다.

"내가 이 여자를 데려와서 집이 망하게 되었으니 우리 문호를 욕되게 한 것이나 다

름없다."

이 때에 수발이라는 범지가 있었다. 그는 오통[8]을 얻었고, 또 여러 선정(禪)을 얻었으므로 만재 장자가 귀중히 여기는 사이였다. 그 때 수발 범지가 이런 생각을 했다.

'내가 장자와 작별한 지 오래 되었으니 가서 만나봐야겠다.'

이 때 수발 범지가 만부성에 들려 장자의 집에 가서 문지기에게 물었다.

"장자가 지금 어디에 계신가?"

문지기는 대답했다.

"장자는 지금 다락 위에 계시는데 근심 걱정에 싸여 말할 수 없는 형편이요."

범지가 곧장 다락으로 올라가서 장자와

8) 오통(五通): 다섯 가지의 부사의한 능력. 즉, 천안통 · 천이통 · 숙명통 · 타심통 · 신족통을 말함.

서로 만났다. 범지는 장자에게 물었다.

"무슨 이유로 이렇게까지 근심하는가? 현관(顯官)이나 도적이나 수재 · 화재의 변을 당한 것이 아닌가? 집안이 화순치 못한 것이 아닌가?"

장자는 대답했다.

"관청이나 도적의 변은 없고, 다만 집안 일이 잘 되지 않을 뿐이요."

범지는 물었다.

"어디, 무슨 사연인가. 얘기나 좀 들어 보세."

장자는 대답했다.

"일전에 자식을 위하여 며느리를 얻어 왔는데 국법의 제한을 범하여 5친이 욕을 당하게 됐다. 그래서 스승들을 집으로 청하여 며느리를 시켜 예배를 하게 하였더니, 명령

을 좇지 않았네."

수발은 말했다.

"이 여자의 집이 어느 나라에 있는가? 가까운 곳에서 데려왔는가, 먼 곳에서 데려왔는가?"

장자는 대답했다.

"이 여자는 사위성에 사는 아나빈저의 딸이네."

수발 범지는 이 말을 듣고 깜짝 놀라 두 손으로 귀를 가리면서 말했다.

"그것 참, 아주 기특한 일이군. 이 여자가 그대로 참고 있어 자살도 하지 않고 다락 아래로 떨어지지도 않았으니 아주 다행한 일이야. 그 까닭은 이 여자가 섬기는 스승이 모두 범행을 하는 사람이네. 오늘날 죽지 않고 그대로 있으니, 정말 기이하고 특이한 일

이야."

장자는 말했다.

"자네 말을 들으니 웃음이 저절로 나오는군. 자네는 외도 이학을 닦는 사람인데 어째서 사문석가의 행을 칭찬하는가? 이 여자의 스승이 무슨 위덕이 있고 무슨 힘이 있는가?"

범지가 말했다.

"장자여, 이 여자의 스승의 신력을 들어보겠나? 내가 대강 그 근원을 말하겠네."

장자는 말했다.

"어디 얘기를 들어보세."

범지가 말했다.

"내가 옛날에 설산 북쪽 인가에 가서 걸식하다가 밥을 얻어 가지고 날아와서 아뇩달샘으로 갔네. 그 때 저 천룡 · 귀신이 내

가 오는 것을 멀리 바라보고 모두 칼을 가지고 나를 향하여 다가오며 내게 말하였네.

'수발 선사(仙士)여, 이 샘가에 머물지 말라. 이 샘을 더럽히지 말라. 만일 내 말을 따르지 않는다면 네 생명이 위태로울 것이다.'

내가 이 말을 듣고 곧 그 샘을 떠나 멀지 않은 곳에서 밥을 먹었지. 장자는 이것을 알아야 할 것이야. 이 여자의 스승의 가장 젊은 제자인 균두 사미가 또한 설산 북쪽에 이르러 밥을 빌어 가지고 날아와서 아뇩달샘에 이르러 합장하고 나서 무덤 사이에서 주운 죽은 사람의 옷을 빠는데 피와 때가 얼룩얼룩 물들어 있었지. 이 때 아뇩달 대신(大神)·천룡·귀신이 모두 일어나 앞으로 나와 그를 맞으며 공손히 문안하였네.

'잘 오셨습니다. 스승님, 여기 앉으십시

오.'

그래서 균두 사미가 샘물 있는 곳으로 갔다.

장자여, 또 들으라. 샘물 중앙에는 순금책상이 있는데 사미가 죽은 사람의 옷을 물에 담그고 책상 뒤에 앉아서 밥을 먹었네. 먹는 것이 끝나자 발우를 씻어 금책상 위에 놓고 가부좌를 하고 앉아서 몸을 바루고 뜻을 바루고 생각을 오로지 하여 곧 초선(初禪)에 들어갔네. 초선으로부터 제2선에 들어가고, 제2선으로부터 제3선에 들어가고, 제3선으로부터 제4선에 들어가고, 제4선으로부터 공처(空處)에 들어가고, 공처로부터 식처(識處)로 들어가고, 식처로부터 불용처(不用處)에 들어가고, 불용처로부터 유상무상처(有想無想處)에 들어가고, 유상무상처로부터 멸진

삼매(滅盡三昧)에 들어가고, 멸진삼매로부터 염광삼매(焰光三昧)에 들어가고, 염광삼매로부터 수기삼매(水氣三昧)에 들어가고, 수기삼매로부터 염광삼매에 들어가고, 다시 멸진삼매에 들어가고, 다시 유상무상삼매에 들어가고, 다시 불용처삼매에 들어가고, 다시 식처삼매에 들어가고, 다시 공처삼매에 들어가고, 다시 4선에 들어가고, 다시 3선에 들어가고, 다시 2선에 들어가고, 다시 초선에 들어가고, 초선으로부터 일어나서 죽은 사람의 옷을 빨더군. 이때에 천룡 · 귀신이 혹은 옷을 발로 비비는 자도 있고, 혹은 물 붓는 자도 있고, 혹은 물을 떠서 마시는 자도 있었지. 옷을 다 빨고 나서 공중에 펴서 말리더니 사미가 옷을 걷어 가지고 문득 공중으로 날아 자기 처소로 돌아갔네. 장자는

이것을 알아야 하네. 내가 그 때 멀리 바라보기만 하고 가까이 하지는 못하였지만 이 여자가 섬기는 스승의 가장 젊은 제자가 이런 신통력이 있으니, 하물며 가장 큰 제자라야 더 말할 수가 있겠는가. 하물며 저 스승인 지극히 참된 부처님의 정각(正覺)이야 미칠 수 있겠는가. 이런 것을 보고 이 말을 하는 것이네. 이 여자가 자살도 하지 않고 목숨(命根)도 끊지 않았으니, 얼마나 기특한 일인가."

제4장 부처님께 법을 청함

이 때 장자가 범지에게 말했다.

"우리들이 수마제녀의 스승을 볼 수 있을

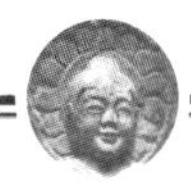

까?"

범지는 말했다.

"며느리에게 물어보게."

장자가 수마제녀에게 물었다.

"내가 지금 네 스승을 만나보고 싶은데 오시게 할 수 있느냐?"

수마제녀가 그 말을 듣고 기쁨을 이기지 못하여 말했다.

"원컨대 음식을 준비하소서. 내일 부처님께서 제자들을 데리고 여기에 오실 것입니다."

장자가 말했다.

"나는 법을 알지 못하니 네가 스스로 청하여라."

수마제녀는 곧 목욕하고 손에 양화를 들고 높은 다락 위에 올라 합장한 채 부처님을

향하여 이런 말을 하였다.

"부처님, 정광(頂光)을 보지 못한 사람을 잘 관찰하시옵소서. 부처님께서는 모르는 일이 없으시고, 관찰하지 못하는 일이 없으십니다. 소녀가 지금 이곳에 와서 어려움을 당하고 있습니다. 부처님, 잘 살펴 주십시오."

그리고 또 게송으로 말하였다.

세상을 면밀히 살피심은
부처님의 눈으로 관찰하는 바이니
귀신과 그리고 여러 신의 왕들과
또 귀자(鬼子) 모신까지도 항복시키네.

사람을 잡아먹는 귀신 떼들이
손가락을 끊어다가 화만 만들고

마침내 제 어미도 해하려 하건만
그러나 부처님은 항복시켰네.

그리고 왕사성에 계실 적에는
사나운 코끼리가 해치려 하다가
저절로 머리 숙여 귀의했으니
여러 하늘 장하다고 찬탄하였네.

다시 오지국에 이르시어
악한 용왕 만났으나
밀적역사[9]를 나타내시니
용들은 저절로 항복하였네.

---

9) 밀적역사(密迹力士): 밀적사 또는 밀적금강. 손에 금강저라는 무기를 가지고 항상 부처님을 호위한다는 야차신. 부처님에게 친근하여 부처님의 비밀한 사적을 들으려는 본서(本誓)가 있으므로 밀적이라고 함.

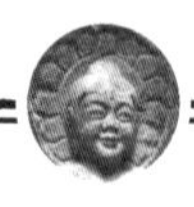

여러 가지 신통변화 헤아릴 수 없으나
모두 정도를 세우기 위하심이니
내 이제 곤액을 만났으니
원컨대 부처님 강림하소서.

이 때에 향기가 구름과 같이
허공에 아득히 서리었다가
기원정사에 가득하더니
부처님의 앞에서 머물러 있다.

여러 천인들 허공 중에서
기뻐하며 부처님께 예배하였고
향기가 눈앞에 서리었으니
수마제녀의 간청으로 나타난 것이다.

갖가지 꽃비처럼 내려

재어볼 수 없이

기원 숲에 가득하며

부처님 웃으시며 빛을 펼치셨다

이 때에 아난이 기원정사 안에 이런 이상한 향기가 있음을 보고 곧 부처님 계신 곳에 이르러 절을 하고 한 쪽에 서서 여쭈었다.

"부처님이시여, 이것이 무슨 향기인데 기원장사 안에 가득합니까?"

부처님께서 말씀하셨다.

"이 향기는 부처의 사자로서 만부성에 있는 수마제녀의 소청이다. 너는 지금 여러 비구를 불러 한 곳에 모으고 주(籌)를 돌리고 알리라. '여러 비구와 누진(漏盡) 아라한으로서 신족(神足)을 얻은 자는 곧 사라(舍羅)를 취하라. 내일 만부성에 가서 수마제녀의 청

을 받겠다.'고 하라."

아난은 부처님께 대답했다.

"그리하겠습니다. 부처님."

아난은 부처님의 분부를 받고 곧 여러 비구를 보회강당에 모아놓고 명령하였다.

"도를 얻은 여러 아라한은 반드시 사라를 취하라. 내일은 수마제녀의 청을 받으러 가겠다."

이 때에 여러 무리 가운데 우두머리는 이름이 군두파탄인데 수다원은 얻었으나 번뇌가 다하지 못하여 신족은 얻지 못하였다. 이 때 상좌는 생각하였다.

"내가 이제 대중 속에서 가장 우두머리로서 번뇌가 다하지 못해 신족을 얻지 못하였다. 나는 내일 만부성에 가서 먹지 못하겠구나. 그러나 부처님의 여러 무리 중의 하좌

인 균두 사미는 신족이 있고 큰 위력이 있으니, 저 곳에 가서 청을 받을 수 있겠구나. 나도 이제 또한 저곳에 가서 청을 받아야 하겠다."

이 때에 상좌가 맑고 깨끗한 마음으로 학지(學地)에 있어서 사라를 받았다. 이 때 부처님께서 청정하신 하늘눈으로 균두파탄이 학자에 있어서 사라를 받고 무학을 얻은 것을 보시고 여러 비구에게 말씀하셨다.

"내 제자 중에 제일로 사라를 받은 자는 균두파탄비구 그 사람이다."

그 때에 부처님께서 신족이 있는 비구목건련 · 마하가섭 · 아나율다 · 이월 · 수보리 · 우비가섭 · 마가필나 · 존자라운 · 균리밧지 · 균두사미에게 말씀하셨다.

"너희들은 신족으로 먼저 가서 저 성 중

에 이르게 하라."

여러 비구들은 대답했다.

"그리하겠습니다, 부처님."

이 때에 여러 중의 심부름꾼은 이름이 건도인데 이튿날 맑은 아침에 몸소 큰 가마솥을 지고 공중으로 날아서 저 성에 이르렀다.

제5장 부처님과 그의 제자를 맞이함

이 때 만재 장자와 백성들은 부처님께서 오시는 것을 보려고 높은 다락 위에 올랐다. 심부름꾼이 가마솥을 지고 오는 것을 멀리 바라보고 장자가 수마제녀에게 문득 게송으로 말하였다.

흰 곳에 긴 머리털이요
몸을 드러내고 질풍 같으며
그리고 가마솥을 지고 오는 이
이 분이 너의 스승이더냐.

수마제녀가 다시 게송으로 대답했다.

이 사람은 부처님의 제자도 아니요
부처님의 심부름을 하는 분인데
삼도에 다섯 가지 신통을 갖추었으니
이 사람의 이름은 건도[10]라 합니다.

이 때 건도는 성을 세 바퀴 돌아서 장자의 집으로 들어갔다.

10) 건도: B.C 6C경 인도 사위성의 임금인 바사닉왕의 아들. 기원정사에서 부처님을 평생 동안 시봉하였음.

이 때 균두 사미가 신통을 부려 5백 꽃나무가 되었다. 빛은 몇 종류가 되고 모두 만발하여 그 빛이 우담발라꽃보다 더 아름다운데 그러한 꽃이 헤아릴 수 없이 만부성으로 날아갔다.

이 때 장자는 사미가 오는 것을 멀리 바라보고 게송으로 수마제녀에게 물었다.

이 몇 가지 꽃
모두가 허공에 있고
또 신족의 사람이 있으니
이 분이 너의 스승인가.

수마제녀는 다시 게송으로 대답했다.

소녀가 전날에 말한

샘 위의 사미라오

스승의 이름은 사리불[11]

이 사람이 그이의 제자입니다.

이 때 균두 사미는 성을 세 바퀴 돌아서 장자의 집으로 들어갔다.

이 때에 존자 반특가가 변화하여 5백 마리의 소가 되어 옷과 털이 모두 푸른데 소 위에 가부좌를 하고 앉아 저 만부성으로 들어갔다. 이 때 장자가 멀리 바라보고 다시 게송으로 수마제녀에게 물었다.

이 여러 큰 소들이

옷과 털이 모두 푸른 빛

---

11) 사리불(舍利佛): 부처님의 십대 제자. 부처님 제자 가운데 지혜제일.

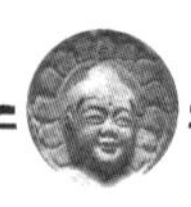

소 위에 홀로 앉은 분
이 분이 너의 스승인가.

수마제녀는 다시 게송으로 대답했다.

1천 비구를 교화하여
기성원(耆城園) 안에 두었으니
심신(心神)이 지극히 밝은 분
이 분의 이름 반특가[12]라오.

이 때 존자 주리반특가는 성을 세 바퀴 돌아 장자의 집으로 들어갔다.

이 때에 라훌라가 다시 변화하여 5백의

12) 반특가(槃特迦): 부처님 제자. 여러 제자들 가운데서 가장 어리석고 둔하였으나 마침내는 아라한과를 증득했음.

공작이 되어 빛이 몇 가지 종류인데 그 위에 가부좌를 하고 앉아 저 만부성으로 들어갔다. 장자가 바라보고 다시 게송으로 수마제녀에게 물었다.

이 5백 공작은
그 빛이 심히 묘하여
군사의 대장과 같은데
이 분이 너의 스승인가.

수마제녀가 다시 게송으로 대답했다.

부처님이 말씀하신 금계(禁戒)
하나도 범함이 없어
계율에서 계율을 호위하신
불자 라훌라라오.

이 때 라훌라[13]가 성을 세 바퀴 돌아 장자의 집으로 들어갔다.

또 존자 가필나가 변화하여 5백의 금까마귀가 되어 극히 용맹한데 그 위에 가부좌를 하고 앉아 저 만부성으로 들어갔다. 장자가 멀리 바라보고 다시 게송으로 수마제녀에게 물었다.

5백 금까마귀
극히 용맹도 한데
두려움 없이 그 위에 있는 분
이 분이 너의 스승인가.

---

13) 라훌라: 부처님의 십대제자. 부처님의 아들. 부처님이 태자로 있을 때 출가하여 도를 배우려고 마음을 내었다가 아들을 낳고는 장애됨을 한탄하여 라훌라라고 이름함. 부처님이 성도한 뒤에 출가하여 제자가 됨. 밀행제일(密行第一). 사미의 시초.

수마제녀가 게송으로 대답했다.

능히 들고 나는 숨을 익히고
마음을 돌이켜 선을 행하고
지혜의 힘 극히 용맹 왕성하니
이 사람의 이름은 가필나요.

이 때 존자 가필나가 성을 세 바퀴 돌아 장자의 집으로 들어갔다. 또 우비 가섭이 변화하여 5백 마리의 용이 되어 각기 머리 일곱이 있었다. 그 위에 가부좌를 하고 앉아져 만부성으로 들어갔다. 장자가 멀리 바라보고 다시 게송으로 수마제녀에게 물었다.

이제 이 일곱 마리의 용
위엄과 얼굴이 심히 두렵고

달려오는 수를 알 수 없으니
이 분이 너의 스승인가.

수마제녀가 대답했다.

항상 1천 제자 있어
신족으로 비사(毘沙)를 교화하니
우비 가섭이란 이가
바로 이 사람이라오.

이 때 우비 가섭이 성을 세 바퀴 돌아 장자의 집으로 들어갔다.

이 때에 존자 수보리[14]가 변화하여 유리

---

14) 수보리(須菩提): 부처님의 십대제자. 선현(善現) · 선길(善吉) · 선업(善業) · 공생(空生)이라 번역. 온갖 법이 공한 이치를 깨달은 사람. 해공제일.

산이 되어 그 속에 들어 앉아 가부좌를 하고 저 만부성으로 들어갔다. 장자가 멀리 바라보고 게송으로 수마제녀에게 물었다.

이 산이 극히 묘하여
모두 유리 빛이로구나
이제 굴속에 앉은 이
이 분이 너의 스승인가.

수마제녀가 다시 게송으로 대답했다.

본래 한번 보시한 결과로
이제 이 공덕 얻어서
이미 좋은 복 밭을 이루신
해공(解空) 제일 수보리라오

이 때 수보리가 성을 세 바퀴 돌아 장자의 집으로 들어갔다.

이 때에 존자 가전연[15]이 변화하여 빛이 모두 순결하고 흰 5백 곡새가 되어 저 만부성으로 들어갔다. 장자가 멀리 바라보고 게송으로 수마제녀에게 물었다.

이제 이 오백 곡새
빛이 모두 순결하고 흰데
허공에 가득하니
이것이 너의 스승인가.

수마제녀가 다시 게송으로 대답했다.

---

15) 가전연: 부처님의 십대제자. 문식(文飾) · 불공(不空)이라 번역. 논의제일.

불경에 말씀한 것을

그 뜻을 분별하며

또 번뇌가 쌓임을 연설하나니

이 사람의 이름은 가전연이요.

이 때 가전연이 저 성을 세 바퀴 돌아 장자의 집으로 들어갔다.

이 때에 리바다[16)]가 변화하여 5백의 호랑이가 되어 그 위에 앉아 저 만부성으로 들어갔다. 장자가 바라보고 게송으로 수마제녀에게 물었다.

이제 5백 호랑이

털이 심히 윤택한데

---

16) 리바다(離婆多): 부처님의 제자.

그 위에 앉은 사람

이 분이 너의 스승인가.

수마제녀가 게송으로 대답했다.

옛날 기원 숲에서

6년 동안 움직이지 않고

좌선(坐禪)이 제일이니

이 사람의 이름은 리바다라오.

이 때에 존자 리바다가 성을 세 바퀴 돌아 장자의 집으로 들어갔다.

이 때에 존자 아나율[17]이 변화하여 5백 사자가 되어 극히 용맹한데 그 위에 앉아 저

17) 아나율(阿那律): 부처님의 십대제자. 천안제일. 경전을 결집할 때 장로로서 원조한 공이 큼.

성으로 들어갔다. 장자가 바라보고 게송으로 수마제녀에게 물었다.

이 5백 사자
용맹하여 심히 두려운데
그 위에 앉은 이
이 분이 너의 스승인가.

수마제녀가 게송으로 대답했다.

낳을 때 땅이 크게 움직이고
보화가 땅에서 나와서
청정한 눈 때가 없으니
불제자 아나율이라오.

이 때 아나율이 성을 세 바퀴 돌아 장자의

집으로 들어갔다.

이 때에 존자 마하가섭[18]이 변화하여 5백 필의 말이 되어 모두 털과 꼬리가 붉고 금·은으로 장식하였는데 그 위에 앉아 천화(天花)를 비처럼 뿌리며 저 성으로 들어갔다. 장자가 멀리 바라보고 게송으로 수마제녀에게 물었다.

금빛 말에 붉은 털 꼬리
그 수효는 5백이니
이것이 전륜왕인가
이 분이 너의 스승인가.

수마제녀가 다시 게송으로 대답했다.

---

18) 마하가섭(摩訶迦葉): 부처님의 십대제자. 음광(飮光)이라 번역. 두타제일.

두타행이 제일이고

항상 빈궁한 사람 불쌍히 여기고

부처님께서 반자리(半座)를 주시니

이 사람은 가장 큰 마하가섭이라오.

이 때 마하가섭이 성을 세 바퀴 돌아 장자의 집으로 들어갔다.

이 때에 존자 목건련[19]이 변화하여 5백 코끼리가 되어 모두 여섯 어금니가 있고 일곱 곳이 편편하고 반듯하여 금은으로 장식하였다. 그 위에 앉아서 큰 광명을 발하니 세계에 가득하였다.

만부성에 나와 허공에서 광대의 풍악을 갖추며 갖가지 꽃을 수없이 내리고, 또 허공중에 비단 일산을 드리워 지극히 기묘하였

19) 목건련: 부처님의 십대제자. 신통제일.

다. 장자가 멀리 바라보고 게송으로 수마제녀에게 물었다.

흰 코끼리 여섯 어금니 있고
그 위에 있는 사람 천왕 같다.
기악 소리 들려오니
이 분이 석가모니인가.

수마제녀가 게송으로 대답했다.

저 큰 산위에서
난타용을 항복시키고
신족이 제일인 이
그 이름이 목건련이라오.

우리 스승 아직 오시지 않고

이들은 모두 제자의 무리

스승님 이제 곧 오시리니

광명이 비추지 않는 곳 없으리.

이 때 존자 목건련이 성을 세 바퀴 돌아 장자의 집으로 들어갔다.

이 때 부처님께서 때가 이른 것을 아시고 승가리를 입고 땅에서 일곱 길 높이의 허공에 떠 계시었다. 이 때 존자 대범천이 부처님의 오른편에 있고 사리불은 부처님의 왼편에 있었다. 아난은 부처님의 위신(威神)을 받들어 부처님의 뒤에 있어 불(拂)을 잡고, 1천 2백 제자는 앞뒤로 둘러싸고 부처님께서는 가장 중앙에 계시었다.

여러 신족제자 중에 대범천왕은 변화하여 월천자가 되고 사리불은 변화하여 일천

자가 되었다. 나머지 신족비구는 혹은 석제환인이 되고 혹은 범천이 되고 혹은 지국천왕, 증장천왕, 광목천왕의 형상이 되고 혹은 다문천왕의 형상이 되어 여러 귀신을 거느렸다. 혹은 전륜왕의 형상이 되고, 혹은 황광삼매에 들어가고, 혹은 수정삼매에 들어가고, 혹은 빛을 발하는 자도 있고, 혹은 연기를 퍼뜨리는 자도 있어 가지가지의 신족을 나타냈다.

이 때 범천왕은 여래의 오른편에 있고 석제환인은 부처님의 왼편에 있어 손으로 불(拂)을 잡고 밀적금강역사는 부처님의 뒤에 있어 손으로 금강저를 잡고 다문천왕은 손에 칠보개를 잡고 허공에 떠서 여래의 위에 있으니, 티끌이 부처님의 몸에 범할까 염려함이었다.

이 때 반자순 손에 유리 거문고를 잡아 부처님의 공덕을 찬양하며, 여러 천신은 허공중에 있어 창기의 풍악을 갖추고 수천만 가지의 꽃을 비처럼 뿌리어 부처님의 위에 흩었다.

이 때 푸라세나짓왕과 아나빈저 장자와 사위성안의 수많은 사람들이 모두 부처님이 땅에서 일곱 길 높이의 허공에 계신 것을 보고 기쁜 마음이 솟구침을 누를 수 없었다. 이 때 아나빈저 장자는 곧 게송으로 말했다.

부처님은 진실로 신묘하시어
백성을 어린이같이 사랑하시니
통쾌하다, 수마제녀여
부처님의 법을 받으시었네.

이 때 푸라세나짓왕과 아나빈저 장자는 가지가지 향과 꽃을 뿌렸다.

이 때에 부처님께서 여러 비구들을 거느려 앞뒤로 둘러싸고 여러 신과 하늘은 이루 헤아릴 수 없으니, 마치 기러기가 허공에 있는 것같이 저 만부성으로 들어갔다. 이 때 반자순이 게송으로 부처님을 찬탄했다.

여러 생의 번뇌가 영영 다해
뜻과 생각 착란하지 않으시고
진구(塵垢) 없는 발로서
옛 나라 도읍에 들어가신다.

심정이 지극히 청정하여
악마와 삿된 생각 끊어서
공덕이 큰 바다와 같으신 이

이제 이 나라에 들어오셨다.

얼굴 모양이 거룩하시며
여러 번뇌 영영 일지 않건만
저 중생은 제 자리에 서지 못했기에
이제 이 나라에 들어오셨다.

네 가지 폭류(暴流)를 건너
생(生)·노(老)·병(病)·사(死)에서 해탈하고
업보의 근원을 끊기 위하여
이제 이 나라에 들어오셨다.

이 때 만재 장자가 부처님께서 먼 곳으로부터 오시는 것을 바라보니, 여러 감관이 순결하여 세상에 드문 바로서 깨끗하기 천금(天金) 같았다. 삼십이상과 팔십종호가 있어

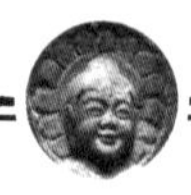

그 몸으로 장엄하시었다. 마치 수미산이 여러 산 위에 솟은 것 같고 금덩이가 큰 광명을 놓는 것 같았다. 이 때 장자가 게송으로 수마제녀에게 물었다.

이것이 햇빛인가
일찍이 이런 얼굴 보지 못했다.
수천만의 빛이니
감히 자세히 볼 수 없구나.

이 때 수마제녀가 무릎을 꿇고 합장하여 부처님을 향해 게송으로 장자에게 대답했다.

해도 아니요 해의 것도 아니나
천 가지 빛을 펼치심은

일체중생을 위하심이며
또한 다시 나의 스승이라오.

모두가 함께 부처님을 찬미함은
앞에 말한 것 같거니와
이제 큰 결과를 얻으리니
부지런히 힘써서 공양하시오.

이 때 장자가 오른편 무릎을 땅에 꿇고 다시 게송으로 부처님을 찬미했다.

열 가지 힘을 가지신님의
둥근 광채 금빛 몸에 귀의합니다.
하늘과 사람이 찬탄하는 바이니
오늘날 스스로가 귀명(歸命) 합니다.

부처님은 이제 햇님(日王)이시니
달빛이 별 가운데 밝은 것처럼
건너지 못한 자를 건네주시니
오늘날 스스로가 귀명합니다.

부처님은 천제(天帝)의 형상 같고
범행의 자심(慈心) 같습니다.
스스로 해탈하고 중생을 해탈케 하시니
오늘날 스스로가 귀명합니다.

하늘 · 세상사람 중에 높으시고
여러 귀신의 왕 중에서 위이시며
여러 외도 항복시키시니
오늘날 스스로가 귀명합니다.

이 때 수마제녀가 무릎을 꿇고 합장하여

부처님을 찬탄했다.

스스로를 항복받고 남들도 항복시키고
스스로가 그치고 다른 사람도 그치신 분
자기를 건지고 중생을 건지고
이미 해탈에 이르러 다른 사람도 해탈시킨다.

저 언덕에 이르고는 다른 사람도 보내며
스스로를 비추고는 중생도 비추시니
제도되지 않은 자 없으며
싸움을 제거하니 싸움이 없어졌다.

스스로가 지극히 정결하게 머물러
마음과 뜻 기울고 움직이지 않나니
십력(十力)으로 세상을 불쌍히 여기는 님께
거듭거듭 예경을 드리나이다.

"사랑과 슬픔과 기쁨과 보호하는 마음이 있으며 공(空)과 형상 없음과 소원 없음을 갖추었으니, 욕계(欲界) 중에서 높기가 제일이요, 하늘 중에서 최상이어서 칠재(七財)를 모두 갖추시었네. 하늘과 사람과 자연히 생긴다는 바라문을 옹호하시니, 더불어 비교할 이 없고 또 형용할 수 없으므로 나는 오늘 귀명합니다."

제6장 이교도 육천범지가 다른곳으로 떠남

이 때 육천범지는 부처님의 이런 거룩한 모습을 보고 서로 말했다.

"우리들은 이 나라를 떠나서 다른 곳으로

가야겠다. 사문 구담이 이미 이 나라 백성을 항복시켰다."

육천범지가 곧 다른 나라로 가서 다시는 이 나라로 들어오지 않았다. 마치 사자가 산골에 나와 사방을 둘러보고 다시 세 번 부르짖고 사방으로 다니면서 짐승을 구하니 모든 짐승들이 각각 달아나 갈 곳을 알지 못해, 날아 달아나고 숨어 엎드리는 것과 같았다. 또 힘센 코끼리가 사자의 소리를 듣고 각각 갈 곳으로 달아나서 불안해하는 것과도 같았다. 그 까닭은 사자 수왕(獸王)이 지극히 위력이 있기 때문이니 이것도 또한 이와 같았다. 저 육천범지가 부처님의 음향소리를 듣고 각각 달아나서 스스로 편안하지 못하였다. 그 까닭은 사문 구담이 위력이 있기 때문이다.

이 때에 부처님께서 도로 신통을 거두시고 평상시와 같이 만부성으로 들어가셨다.

이 때에 부처님께서 발로 문턱을 밟으시니, 천지가 크게 움직이고 여러 높은 신(神)과 천(天)이 꽃을 흩어 공양하였다. 이 때에 사람들이 부처님의 용모와 여러 감관이 정적하여 서른두 가지의 상(相)과 팔십 가지의 호(好)가 있어서 저절로 장엄한 것을 보고, 문득 이 게송으로 말했다.

양족존(兩足尊)이 극히 묘하여
범지가 감히 당치 못한다.
까닭 없이 범지를 섬기다가
이 인중존(人中尊)을 잃을 뻔하였다.

이 때 부처님께서 장자의 집에 이르러 자

리에 나아가 앉으셨다. 그 당시에 저 나라의 백성들이 극히 번성하여 장자의 집에는 8만 4천의 백성이 있었다. 모두 구름처럼 모여들어 장자의 집을 뚫고 부처님과 제자들을 보려 하였다. 이 때 부처님께서는 생각하시었다.

"이 백성들에게는 반드시 은혜가 있을 터이니, 신력을 지어서 온 나라 백성으로 하여금 모두 내 몸과 수행자들을 보게 하리라."

부처님께서는 장자의 집을 변화하여 유리로 만들어서 안팎이 서로 보여 손바닥의 구슬을 보는 것 같이 하였다.

이 때 수마제녀가 부처님 앞에 이르러 절을 하고 슬픔과 기쁨이 서로 겹치어 게송으로 말했다.

일체의 지혜를 구족하시고
일체의 법 모두 제도하시고
다시 욕(欲)과 애(愛)의 그물
끊으시니
내 이제 스스로 귀명합니다.

차라리 우리 부모를 시켜
내 두 눈 빼지언정
이 삿된 소견 오역(五逆) 가운데
오지 않게 하리라.

전생에 무슨 악의 인연 지어
이곳에 오게 되었나
그물 속에 든 새와 같으니
이 의결(疑結)을 끊어 주소서.

이 때 부처님께서 다시 게송으로 수마제녀에게 대답하셨다.

너 이제 염려치 말고
담박하게 뜻을 열 것이며
생각의 집착도 일으키지 말라.
부처님은 이제 설명하리라.

너는 본래 죄의 인연이 없으나
이곳에 온 것은
서원(誓願)의 결과에 따라
이 중생들 제도하려 함이다.

이제 근원을 뽑아서
세 가지 나쁜 길(三惡趣)에
떨어지지 않게 하고

수천의 중생들이
네 앞에서 제도(度)를 얻으리.

오늘 깨끗이 제거하여
하늘과 백성들로 하여금
지혜의 눈 얻게 하리니
네가 구슬 보는 것 같이 하리.

수마제녀가 이 말을 듣고 기뻐서 뛰기를 마지않았다.

이제 장자가 노복들을 거느려 음식과 여러 가지 맛있는 반찬을 공양하였다. 부처님께서 공양을 끝낸 것을 보고, 청정수(淸淨水)를 돌린 뒤에 다시 작은 자리를 가져다가 부처님의 앞에 앉았다.

여러 종자(從者)와 8만 4천의 사람들이 각

각 차례로 앉았는데 혹은 자기의 이름을 밝히고 앉는 자도 있었다. 이 때 부처님께서 천천히 저 장자와 8만 4천 백성과 묘론(妙論)을 말씀하셨다. 묘론이란 것은 계론(戒論)·시론(施論)·생천론(生天論)과 애욕과 깨끗하지 않은 생각과 번뇌는 죄악이 된다는 것과 출가하는 것이 필요하다는 것 등이었다.

이 때 부처님께서 만재 장자와 수마제녀와 8만 4천 사람들이 마음이 열리고 뜻이 풀린 것을 보시고 여러 불세존이 항상 설법한 괴로움(苦)·쌓임(集)·사라짐(滅)·도(道)에 대하여 널리 중생들에게 설명하였다. 저들이 각각 앉은 자리에서 모든 번뇌와 어리석음이 없어져서 법의 눈의 깨끗함을 얻으니 마치 깨끗하고 흰 전(氈)이 염색이 잘 되는 것처럼 이것도 또한 그러하였다.

만재 장자와 수마제녀와 8만 4천 사람들이 모든 번뇌와 어리석음이 없어져 법의 눈이 깨끗함을 얻고 다시 의심이 없고 두려움이 없음을 얻어서 모두가 삼존(三尊)에 귀의하고 오계(五戒)를 받아 지녔다.

이 때 수마제녀가 곧 부처님께 게송으로 말했다.

부처님의 귀는 맑고 통철하시어
나의 괴로움 당한 것을 들으시고
이곳에 강림하셔 교화하시니
여러 사람이 법의 눈을 얻었나이다.

부처님께서 설법을 마치시고 곧 자리에서 일어나 처소로 돌아오시었다.

제7장 수마제녀의 전생

이 때 여러 비구가 부처님께 여쭈었다.

"수마제녀는 본래 무슨 인연을 지어서 부잣집 딸로 태어났으며, 다시 무슨 인연을 지어서 이 삿된 소견을 지닌 사람의 집에 시집갔습니까? 또 무슨 착한 공덕을 지어서 이제 깨끗한 법안을 얻었으며, 다시 무슨 공덕을 지어서 8만 4천 백성으로 하여금 모두 깨끗한 법안을 얻게 하였습니까?"

부처님께서 여러 비구들에게 말씀하셨다.

"과거 구원한 현겁(賢劫) 중에 가섭 부처님이 명행성위(明行成爲)·선서(善逝)·세간해(世間解)·무상사(無上士)·도법(道法)·어천인사(御天人師)·중우(衆祐)라 하였는데 바라

날(波羅捺) 국경에서 큰 비구의 무리 2만 사람과 함께 나라 안을 돌아다니면서 교화하셨다.

이 때에 왕이 있었으니, 이름은 애민(哀愍)이고 그의 딸의 이름은 수마나 였다.

이 때 이 여자가 지극히 공경하는 마음이 있어 가섭 부처님을 향하여 금계(禁戒)를 받들어 가지고, 항상 보시를 좋아하며 또 네 가지 일로 공양하였다. 무엇이 네 가지인가 하면, 첫째는 보시(布施)이고, 둘째는 애경(愛敬)이며, 셋째는 이인(利人)이고, 넷째는 등리(等利)이다. 카아샤리를 높이 외고 익히며 아울러 서원(誓願)을 하였다.

항상 '이 사애(四愛)의 법을 가지고 또 부처님의 앞에서 법구를 외면 그 중에 털끝만한 복이라도 있을진대 태어나는 곳마다 나

뻔 길에 떨어지지 않을 것이며, 또 가난한 집에 떨어지지 않을지이다. 미래의 세상에서도 다시 이 같은 부처님을 만나 여자의 몸을 변하지 않고 여자의 몸으로 깨끗한 법안을 얻게 하여 주소서.'하였다. 이 때 성 안의 백성들이 왕녀가 이런 서원을 한 것을 듣고 모두 함께 모여 왕녀에게 이르러 이런 말을 하였다.

'왕녀께서 오늘날 극진히 독신하여 여러 공덕을 지어 보시 · 애경 · 이인 · 등리의 네 가지 일이 끊어지지 않으며, 다시 서원을 발하되 미래의 세상에서도 이 같은 부처님을 만나 저를 위하여 설법하여 깨끗한 법안을 얻게 하여 달라고 하였습니다. 오늘 왕녀께서도 동시에 도(度)를 얻게 하여 주소서.'하였느니라.

왕녀는 대답하였다.

'내가 이 공덕을 가져 너희들에게 베풀겠다. 부처님이 설법하는 것을 만난다면 너희들을 동시에 제도하게 하겠다.'

너희들 비구는 무슨 의심이 있어서 이렇게 관찰하지 않겠는가. 그 때의 애민왕은 지금의 수타라(須達)장자이고, 그 때의 왕녀는 지금의 수마제녀이고, 그 때의 나라 백성은 지금의 8만 4천 사람이다. 저 서원으로 말미암아 지금 나를 만나서 법을 듣고 도를 얻게 되고 저 백성들까지 모두 깨끗한 법안을 얻은 것이다. 이것이 그 뜻이니, 마땅히 받들어 행하기를 생각하여야 할 것이다. 그 까닭은 이 네 가지 일이 가장 복전(福田)이기 때문이다. 만일 비구가 네 가지 일을 친근하게 하면 곧 네 가지 진리(四諦)를 얻을 것이

다. 마땅히 네 가지 일을 이룰 방편을 구할지어다. 그러하니 비구들은 마땅히 이 학문을 닦아야 할 것이다."

이 때 여러 비구들이 부처님의 말씀을 듣고 기뻐 받들어 행하였다.

재경

이와 같이 나는 들었다.

부처님께서 사위성의 동쪽에 있는 어느 재상집에 계실 때였다. 그 재상의 어머니 이름은 유야였다.

그는 일찍 일어나 목욕한 뒤에 비단옷을 입고 여러 며느리를 데리고 부처님께 나아가 땅에 엎드려 부처님 발에 예배하고 한 쪽에 앉았다.

부처님이 유야에게 물으셨다.

"어찌 이렇게 이른 아침, 목욕하고 일찍 왔느냐?"

유야는 대답하였다.

"여러 며느리를 데리고 재계(齋戒)를 받으

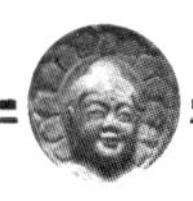

려 하나이다."

부처님은 말씀하셨다.

"재(齋)에는 세 가지가 있는데 어떤 재를 받고 싶으냐?"

유야는 꿇어 앉아 사뢰었다.

"어떤 세 가지 재인지 듣고 싶습니다."

부처님은 말씀하셨다.

"첫째는 소먹이 재(牧牛齋)요, 둘째는 니르그린타 재요, 셋째는 부처님 법의 재이다.

소먹이 재란, 마치 소 먹이는 사람이 좋은 물과 풀을 구하여 그 소를 먹이고, 날이 저물어 돌아갈 때에 '어느 들에 풍족한 물과 풀이 있더라.'고 기억하여, 날이 밝기를 기다려 다시 그리로 소를 데리고 가려는 것과 같다. 만일 선남자, 선여인이 이미 재계를 받고도 마음은 세가에 있어서 살림을 이롭

게 하려 하거나, 또 맛난 음식으로 몸을 기름지게 하려고 생각한다면, 그것은 소 먹이는 사람의 마음과 같아서 큰 복도 얻지 못할 것이요 또 큰 지혜도 얻지 못한다.

니르그란타 재란, 그 달 보름날 재할 때가 되면 땅에 엎드려 재계를 받을 때에는, 시방의 여러 신(神)에게 절하면서 말한다.

'나는 오늘 재계하면서 다시는 악을 행하지 않고, 집이 있다고 뽐내지 않겠습니다. 나와 내 친구라고 하여 친함에 차별이 없고, 처자와 노비는 내 소유가 아니요 나도 그들의 주인이 아닙니다.'

그러나 그의 학문의 문채(文)를 귀히 여기고 바탕(質)을 천히 여겨 바른 마음이 없으므로 그 이튿날에 가서는 모양과 이름에 변함이 없다. 그들과 같이 재를 드리는 이는

큰 복도 얻지 못하고 또 큰 지혜도 얻지 못한다. 불법의 재란, 도의 제자로서 매달 여섯 재일의 여덟 가지 계율을 받는다. 그 여덟 가지란 어떤 것인가.

첫째 계율은, 하루 낮 하루 밤이 다하도록 마음 가지기를 참사람(眞人)과 같이 하여 살생할 생각이 없고 중생들을 가엾이 여겨 미세한 곤충들도 해치지 않으며, 칼이나 몽둥이를 쓰지 않는다. 중생들의 안락과 이익을 생각하여 죽이지 않아서 청정한 계율 그대로를 일심으로 익히는 것이다.

둘째 계율이란, 하루 낮 하루 밤이 다하도록 마음 가지기를 참사람과 같이 하여, 탐내고 취할 뜻이 없어 보시하기를 생각하되 기꺼이 제 손으로 주고 깨끗이 주며, 공손히 주고 보답을 바라지 않는다. 인색하고 탐내

는 생각을 물리치고 청정한 계율 그대로를 일심으로 익히는 것이다.

셋째 계율이란, 하루 낮 하루 밤 동안 마음 가지기를 참사람과 같이 하여 음탕한 뜻이 없어 방일을 생각하지 않고 범행을 닦아 삿된 욕심으로 색(色)을 탐내지 않아서 청정한 계율 그대로를 일심으로 익히는 것이다.

넷째 계율이란, 하루 낮 하루 밤 동안 마음 가지기를 참사람과 같이 하여 거짓말할 뜻이 없어 지성으로 생각하고 마음을 차분히 하여 천천히 말한다. 거짓과 속임이 없어 마음과 업이 서로 알맞아, 청정한 계율 그대로를 일심으로 익히는 것이다.

다섯째 계율이란, 하루 낮 하루 밤 동안 마음 가지기를 참사람과 같이 하여, 술을 마시지 않고 취하지 않아, 미혹하거나 어지럽

지 않고 정신을 잃지 않는다. 방탕한 생각을 버려 청정한 계율 그대로를 일심으로 익히는 것이다.

여섯째 계율이란, 하루 낮 하루 밤 동안 마음 가지기를 참사람과 같이 하여 구함이 없고 뜻을 편안히 한다. 꽃이나 향을 쓰지 않고 연지나 분을 쓰지 않으며, 노래나 춤 따위의 풍류를 즐기지 않고 청정한 계율 그대로를 일심으로 익히는 것이다.

일곱째 계율이란, 하루 낮 하루 밤 동안 마음 가지기를 참사람과 같이 하여 구함이 없고 뜻을 편안히 하여, 좋은 침대에 눕지 않고 낮은 평상이나 풀 자리에서 선정에 들거나, 불법을 생각하면서 거닐어 청정한 계율 그대로를 일심으로 익히는 것이다.

여덟째 계율이란, 하루 낮 하루 밤 동안

마음 가지기를 참사람과 같이 하여 법을 받들고 때를 맞추어 먹되 적게 먹어 몸을 조심하고 낮이 지난 뒤에는 다시 먹지 않아서 청정한 계율 그대로를 일심으로 익히는 것이다."

부처님은 유야에게 말씀하셨다.

"재를 받는 날에는 다섯 가지 생각을 익혀야 한다. 그 다섯 가지란 어떤 것인가?

첫째는 부처를 생각하여야 한다. 즉 '부처는 여래요 지진(至眞)이며, 다 옳게 깨달은 이요, 지혜와 행을 갖춘 이며 깨달음의 언덕에 다다른 이요, 세상의 아버지며 위없는 선비요, 경법을 의거하는 이며 하늘과 사람의 스승으로서 부처라고 이름 한다.' 이렇게 부처를 생각하는 사람은 어리석음과 나쁜 뜻과 성내는 습관이 모두 없어지고 착한 마음

이 저절로 생겨 부처의 업을 즐거워한다.

마치 마유(麻油)나 조두(澡豆)로서 머리를 감으면 더러운 때가 없어지는 것처럼 재(齋)하고 부처를 생각하는 사람도 깨끗하기가 그와 같아서 사람들은 그를 보고 모두 좋아하고 믿음직스러워 한다.

둘째는 법을 생각하여야 한다. 즉 부처가 말한 서른일곱 종류를 완전히 갖추어 헐지 않고 잘 명심하여 잊지 않는 것이니, 이 법은 세간의 등불임을 알아야 한다.

이 법을 생각하는 사람은 어리석음과 나쁜 생각과 성내는 습관이 모두 없어지고 착한 마음이 저절로 생겨 법의 업을 즐거워한다.

마치 마유나 조두로 목욕하면 더러운 때가 없어지는 것처럼, 재하고 법을 생각하는

사람도 깨끗하기 그와 같아서 사람들은 그를 보고 모두 좋아하고 믿음직스러워한다.

셋째는 수행자를 생각하여야 한다. 즉 '그들을 공경하고 친하며 의지하여 지혜의 가르침을 받자. 부처의 제자들 중에는 수다원으로 향하는 이도 있고 수다원을 증득한 이도 있다. 사다함으로 향하는 이도 있고 사다함을 증득한 이도 있으며, 아나함으로 향하는 이도 있고 아나함을 증득한 이도 있다. 아라한으로 향하는 이도 있고 아라한을 증득한 이도 있다. 이것을 네 쌍과 여덟 무리의 장부라 한다.

그들은 다 계율을 성취하고 선정을 성취하였으며, 지혜를 성취하고 해탈을 성취하였으며, 해탈지견을 성취하여 성스러운 덕과 행을 갖춘 사람들이다. 그러므로 '천상과

천하의 거룩한 이로써 그 복 밭에 합장하여야 한다.'

이렇게 수행자를 생각하는 사람은 어리석음과 나쁜 뜻과 성내는 습관이 모두 없어지고 기쁜 마음이 저절로 생겨 수행자의 업을 즐거워한다.

마치 순수한 재로 옷을 씻으면 더러운 때가 없어지는 것처럼, 재를 올리고 수행자를 생각하는 사람도 그 덕이 그와 같아서 사람들은 그를 보고 모두 좋아하고 믿음직스러워한다.

넷째는 계율을 생각하는 것이다. 즉 '몸으로 부처의 계율을 받고 일심으로 그것을 받들어 가지되, 이지러지게 하지도 않고 범하지도 않으며 흔들리지도 않고 잊지도 않는다. 잘 세우고 삼가 보호하여 지혜로운 사람

의 칭찬을 받으며, 후회하는 일도 없고 희망도 두지 않고 평등하게 사람을 가르치리라.' 한다.

이렇게 계율을 생각하는 사람은 어리석음과 나쁜 뜻과 성내는 습관이 모두 없어지고 기쁜 마음이 저절로 생겨 계율의 업을 즐거워한다. 마치 거울을 닦으면 때가 없어지고 환히 밝아지는 것처럼, 재를 받들고 계율을 생각하는 사람도 그 깨끗하기가 그와 같아서 사람들은 그를 보고 모두 좋아하고 믿음직스러워한다.

다섯째는 하늘을 생각하는 것이다. 즉, 첫째는 사왕천이요 둘째는 도리천이요 또 야마천 · 도솔천 · 불교락천 · 황성천(化應聲天)이다. 스스로 생각하기를 '나는 믿음과 계율과 들음과 보시와 지혜를 가짐으로써 몸이

죽을 때에 정신은 하늘에 올라가서, 그 믿음과 계율과 들음과 보시와 지혜를 잃지 않으리라.'한다.

이처럼 하늘을 생각하는 사람은 어리석음과 나쁜 뜻과 성내는 습관이 모두 없어지고 기쁜 마음이 저절로 생겨 하늘의 업을 즐거워한다.

마치 보배구슬을 항상 갈면 맑고 밝아지는 것처럼 재를 받들고 하늘을 생각하는 사람도 그 깨끗하기가 그와 같다.

여덟 가지 계율을 받들어 가지고 다섯 가지 생각을 익히며, 불법의 재를 닦고 하늘과 함께 덕을 같이 하여 악을 없애고 선을 일으키면 죽은 뒤에는 천상에 나고 마침내는 열반을 얻을 것이다.

그러므로 지혜로운 사람은 스스로 힘써

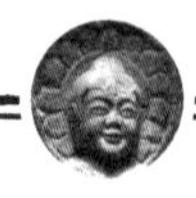

행하고 마음을 내어 복을 짓는다.

유야야, 이와 같이 재의 복은 그 지혜와 명예가 넓고 멀다.

비유하면 이 천하에는 열여섯 개 큰 나라가 있다. 그 열여섯 큰 나라 안에 가득 찬 온갖 보배는 이루 다 셀 수 없다. 그러나 그것은 하루 동안 불법의 재를 닦는 것보다 못하다. 이 복에 비하면 저 열여섯 나라는 콩알 하나만하다.

저 천상은 넓고 멀어 이루 말할 수 없다. 지금이 인간의 50년은 저 첫째 하늘의 하루 낮 하루 밤이다. 그러므로 저 첫째 하늘 사왕천의 수명 5백년은 이 인간의 9백만 년에 해당한다. 불법의 재를 닦는 사람은 이 하늘에 나게 된다.

이 인간의 백년은 저 도리천의 하루 낮 하

루 밤이다. 그러므로 도리천의 수명 천 년은 인간의 3천 6백만 년에 해당한다.

또 인간의 2백 년은 야마천의 하루 낮 하루 밤이다. 그러므로 야마천의 수명 2천 년은 인간의 1억 5천 2백만 년에 해당한다.

또 인간의 4백 년은 저 도솔천의 하루 낮 하루 밤이다. 그러므로 저 도솔천의 수명 4천 년은 인간의 6억 8백만 년에 해당한다.

또 인간의 8백 년은 저 불교락천의 하루 낮 하루 밤이다. 그러므로 저 불교락천의 수명 8천 년은 인간의 23억 4천만 년에 해당한다. 또 인간의 1천 6백 년은 저 화응성천의 하루 낮 하루 밤이다. 그러므로 저 화응성천의 수명 1만 6천 년은 인간의 92억 1천 6백만 년에 해당한다.

만일 사람으로 믿음이 있고 계율이 있으

며, 들은 바가 있고 보시가 있으며, 지혜가 있고 불법의 재를 받들면, 그는 목숨을 마친 뒤에는 그 정신이 모두 이 여섯 천상에 나서 안온하고 기분이 상쾌하다. 편하고 좋은 일이 많지마는 나는 조금 말하였을 뿐이다.

무릇 사람이 선을 행하면 그 혼은 천상에 올라가 한량없는 복을 받을 것이다."

유야는 부처님 말씀을 듣고 기뻐하면서 아뢰었다.

"놀랍고 놀랍습니다. 부처님, 재의 복덕은 매우 좋고 한량없나이다. 저는 부처님의 재를 받겠나이다. 그리고 지금부터는 달마다 여섯 재일을 지켜 죽을 때까지 힘을 다하여 복을 짓겠습니다."

부처님이 이 경을 말씀하시자 모두 기뻐하면서 가르침을 받들었다.

식생인연경

이와 같이 나는 들었다.

부처님께서 사마가자촌락에서 여름안거를 하고 계실 때였다. 여러 비구들도 부처님이 계신 곳 가까이에서 제각기 안거하고 있었다.

그 때에 존나 사문은 야로가 숲속에서 여름 안거를 하고 있었다.

외도 니르그란타는 매우 악한 자였는데 갑자기 죽었다. 그래서 그의 아들은 사문과 싸움을 일으키려고 이렇게 말하였다.

"우리의 가르침은 오직 우리들만 알고 너희들은 잘 모른다. 너희 가르침은 오직 너희들만 알고 우리는 잘 모른다. 우리가 가진

법은 모두 진리이지만 너희가 가진 법은 모두 진리가 아니다. 화합하는 법은 우리 것이요 화합하지 않는 법은 바로 너희들의 것이다. 너희들이 하는 말은 앞의 말이 옳으면 뒤의 말은 틀리고, 뒤의 말이 혹 옳으면 앞의 말이 틀리다. 너희들의 모든 말은 다 아무 뜻도 이익도 없고 또 받아들일 것도 없다. 너희들은 아무리 정진하여도 해탈하지 못할 것이요, 또 최상의 참된 이치도 깨닫지 못할 것이다. 사문의 주장은 우리의 가르침과 같지 않은데 어떻게 우리로 하여금 이해하는 마음이 일어나게 하겠는가."

그는 일부러 이런 말을 하여 파괴하는 사건만 일으키고 싸움을 일으켜 힘만을 소모하며 고뇌로써 안락한 법을 무너뜨렸다. 그런 인연으로 사문의 맑고 깨끗한 법 안에 좋

지 않은 법을 지으면서 싸움을 일으켜 갖가지로 파괴하였다. 그리고 우쭐한 마음을 내어 남보다 낫다고 생각하고는 이렇게 말하였다.

"사문의 모든 주장은 다 바른 법이 아니요 바르지 않은 것만 잘 알아, 번뇌에서 헤어나지 못하고 깨달음의 길로 나아가지도 못한다. 너희 스승은 여래 · 응공 · 정등각이 아니다."

그 때에 존나 사문은 여름안거를 마치고 옷을 지어 입은 뒤에 곧 그곳을 떠났다. 거기서 가사를 입고 발우를 가지고 차례로 행걸하면서 사마가자촌락으로 갔다. 거기 가서는 가사와 발우를 거두고 발을 씻은 뒤에 아난존자에게 가서 땅에 엎드려 그 발에 예배하고 한 쪽에 물러나 있었다.

그러자 아난존자는 존나 사문에게 물었다.

"그대는 어디서 여름안거를 지냈으며 또 무슨 일로 여기 왔는가?"

존나는 아뢰었다.

"존자여, 나는 저 나쁜 곳 야로가 숲속에서 여름안거를 지냈습니다. 거기 외도 니르그란타가 있었는데 그는 매우 나쁜 자로서 갑자기 죽었고 그 아들이 사문과 싸움을 일으키려고 심지어 이런 말을 하였습니다. '너의 스승은 여래 · 응공 · 정등각이 아니다.' 나는 그런 말을 듣고 괴로워 이렇게 여기에 왔습니다."

아난존자는 말하였다.

"존나야, 나도 그런 줄을 안다. 부처님이 대중과 함께 계시지 않기 때문에 외도들이

싸움을 일으키려는 것이다. 그러나 너는 지금 그들과 싸워서는 안 된다. 만일 싸움을 일으키면 그것은 많은 사람들에게 이익을 주지 못할 뿐 아니라 도리어 많은 사람들에게 온갖 괴로움을 주는 것이다. 나아가서는 도리어 고통스럽게 하는 것이다. 지금 존나가 말한 것 같은 일은 오직 부처님만이 다 알고 계시는 것이다. 나는 지금 너와 함께 부처님께 나아가 그 사실을 자세히 말씀드리겠다."

존나는 아뢰었다.

"좋습니다. 존자여. 만일 부처님을 뵈오면 나는 큰 이익을 얻게 될 것입니다. 그리고 또 부처님에게서 매우 깊고 바른 법을 들을는지도 모릅니다."

아난존자는 곧 존나 사문과 함께 부처님

께 나아가 부처님 발에 예배하고 물러나 한 쪽에 물러섰다.

아난은 부처님 앞으로 나아가 사뢰었다.

"부처님, 이 존나 사문은 야로가 숲속에서 여름안거를 마쳤다고 하나이다. 거기 어떤 외도 니르그란타가 있었사온데, 그는 매우 나쁜 자로서 갑자기 죽었답니다. 그 아들이 사문과 싸우려고 심지어 '너의 스승은 여래 · 응공 · 정등각이 아니다.'라고 말하였다 합니다. 그래서 존자는 저에게 와서 그것을 말하였습니다.

부처님이시여, 저는 그 때에 존나에게 '부처님이 대중 가운데 계시지 않기 때문에 외도들이 싸움을 일으키려 한다. 그러나 너는 지금 그들과 싸워서는 안 된다. 만일 싸움을 일으키면 그것은 많은 사람들에게 이익을

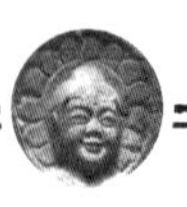

주지 못할 뿐 아니라 도리어 많은 사람들에게 온갖 괴로움을 줄 것이다. 나아가서는 모든 하늘사람들에게 이익이 없을 뿐 아니라 도리어 그들을 고통스럽게 할 것이다.'고 하였습니다."

부처님은 아난에게 말씀하시었다.

"너는 어떤 인연을 보았기에 '부처님이 대중 가운데 계시지 않기 때문에 외도무리들이 싸움을 일으키려 한다.'고 말했느냐?"

아난은 부처님께 여쭈었다.

"부처님, 저는 어느 때 두 비구가 부처님의 칭찬을 받는 것을 보았습니다. 그 두 비구는 율법을 잘 지녀 위의와 질서 있게 어떤 곳으로 가는 것을 보고 저는 그들에게 말하였나이다. '너희들은 그런 위의 있는 모양을 나타내어서는 안 된다. 부처님이 대중 가운

데 계시지 않으면 혹 어떤 외도가 그 모양을 보고 싸우려 할 것이다. 만일 싸움이 일어나면 많은 사람들과 나아가서는 여러 하늘사람들에게 이익이 없을 뿐 아니라 그들에게 고통이 생기게 될 것이다.' 저는 그 인연을 생각하고 존나를 위하여 그런 말을 하였습니다."

부처님은 말씀하셨다.

"너는 어떻게 생각하느냐?"

"부처님, 저는 그 일을 자세히 알 수 없나이다."

부처님은 말씀하시었다.

"나는 스스로의 지혜로 현재에 부처가 되어, 그 동안에 여러 가지 법을 두루 연설하였다. 즉, 네 가지 생각 두는 곳(四念處) · 네 가지 노력(四正斷) · 네 가지 뜻대로 다님(四神

足)·다섯 가지 뿌리(五根)·다섯 가지 힘(五力)·일곱 가지 깨닫는 부분(七等覺支)·여덟 가지 바른 길(八正道) 등 이러한 법들은 내가 다 연설한 바로서, 모두 알고 모두 보는 것이다.

아난아, 여러 외도들이 비구들에 대하여 싸움을 일으키는데, 그 이유를 너는 알겠느냐?"

부처님은 말씀하셨다.

"이른바 어떤 비구는 때로는 계율을 잘 지키지만 때로는 잘 지키지 못하며, 어떤 때는 위의를 잘 지니지만 어떤 때는 잘 지니지 못한다.

아난아, 만일 계율이나 위의에 있어서 잘하고 잘못함이 있으면 그것은 곧 떳떳한 법을 잃는 것으로서 그들이 가는 곳에 어떤 외

도가 그런 일을 보고는 곧 싸움을 일으킨다. 만일 싸움이 일어나면 많은 사람들이나 나아가서는 여러 하늘사람들에게 이익이 없을 뿐 아니라 그들에게 고뇌가 생기게 될 것이다.

왜 그러냐하면 아난아, 저 외도 니르그란타들은 일체를 아는 지혜도 없으며 또 진실도 없어서 어디서나 그들이 보는 바는 모두 청정하지 않기 때문이다. 그러므로 그들은 늘 싸우기를 좋아하는 것이다.

아난아, 알아야 한다. 비구들 사이에 싸움이 일어날 때에는 그 싸움에는 여러 가지 근본이 있다."

아난은 사뢰었다.

"장하십니다, 부처님이시여. 장하십니다, 거룩하신 스승이여! 지금이 바로 그 때이옵

니다. 원컨대 부처님께서는 그 싸움의 근본을 말씀하시어 여러 비구들로 하여금 그것을 듣고 기억하여 항상 그런 허물을 저지르지 않게 해 주십시오."

부처님은 말씀하셨다.

"너희들은 자세히 들어 바로 생각하고 잘 기억하라. 나는 지금 너희들을 위하여 설명하리라.

아난아, 만일 어떤 비구가 분한 마음을 내면 그 분한 마음 때문에 스승에 대하여 공경하거나 존중하는 마음이 생기지 않고 또 받들어 섬기거나 공양하지 못한다. 그 스승을 공경하지 않기 때문에 곧 법을 보지 못하고, 법을 보지 못하기 때문에 비구들 사이에서 바르게 관찰하지 못한다. 바르게 관찰하지 못하기 때문에 싸움을 일으키고 싸움이 일

어나기 때문에 많은 사람들이나 나아가서는 여러 하늘사람들에게 아무 이익도 없을 뿐 아니라 도리어 그들에게 고뇌가 생기게 되는 것이다.

또 어떤 비구는 안의 것이나 바깥의 것을 모두 있다고 생각하고 진실이라고 관찰하여 거기에 자꾸 마음을 쏟는다. 그래서 삿되고 나쁜 생각을 좋아하고 용기를 내어 삿되게 노력하며 또 삿된 거짓말을 하여 싸움을 일으킨다. 이와 같이 망령된 생각과 바르지 못한 지혜로 서로 화합하지 않을 뿐 아니라 나아가서는 싸움이 끊이지 않는다.

아난아, 이런 일들이 싸움의 근본이 된다. 그러므로 온갖 고뇌가 생기게 되나니 고뇌의 원인은 첫째 분한 마음을 내는데 있다.

이와 같이 다시 숨김 · 속임 · 아첨 · 질

투 · 아낌 · 뻔뻔스러움 · 바르지 못한 지견 · 잡음과 모든 집착 · 삿됨 · 망령 · 기억 등 이러한 여러 가지 나쁜 인연 때문에 스승에 대하여 공경하고 존중하는 마음을 내지 않고 또 받들어 섬기거나 공양하지 못하게 된다. 그 스승을 존경하지 않기 때문에 법을 보지 못하고 법을 보지 못하기 때문에 비구들 사이에서 바르게 관찰하지 못한다. 바르게 관찰하지 못하기 때문에 싸움을 일으키게 된다.

아난아, 앞에서 말한 이런 인연들이 모두 싸움의 근본이다.

만일 그런 인연으로 싸움이 일어날 때에는 그 싸움을 없애는 일곱 가지 법이 있으니, 그것은 내가 늘 말한 것과 같다. 아난아, 이미 일어났거나 아직 일어나지 않은 어떤

싸움도 그 법으로 없앨 수 있다.

그 일곱 가지 법이란 이른바, 현재의 계율과 기억하는 계율과 어리석지 않은 계율과 제 말의 다스림과 많은 사람의 말과 지은 죄를 아는 것과 풀이 땅을 덮는 것과 같은 것이다. 이것이 일곱 가지 법이다.

어떤 것이 이른바 현재의 계율로써 싸움을 없애는 법인가. 아난아, 이른바 한 사람이 한 사람을 위하여 계법을 설명하고 한 사람이 두 사람을 위하여 설명하며 한 사람이 많은 사람을 위하여 설명하고 한 사람이 대중을 위하여 설명하는 것이다. 이렇게 현재에서 네 가지 경우가 있다.

또는 두 사람이 한 사람을 위하여 계법을 설명하고 두 사람이 두 사람을 위하여 설명하며 두 사람이 많은 사람을 위하여 설명하

고 두 사람이 대중을 위하여 설명하는 것이다. 이렇게 현재에서 네 가지 경우가 있다.

또는 많은 사람이 한 사람을 위하여 계법을 설명하고 많은 사람이 두 사람을 위하여 설명하며 많은 사람이 많은 사람을 위하여 설명하고 많은 사람이 대중을 위하여 설명하는 것이니, 이렇게 현재에서 네 가지 경우가 있다.

또는 대중이 한 사람을 위하여 계법을 설명하고 대중이 두 사람을 위하여 설명하며 대중이 많은 사람을 위하여 설명하고 대중이 대중을 위하여 설명하는 것이니 이렇게 현재에서 네 가지 경우가 있다.

이것이 이른바 현재의 계율로써 싸움을 없애는 법이니 이 법 때문에 모든 싸움을 없앨 수 있다.

어떤 것이 기억의 계율로써 싸움을 없애는 법인가. 아난아, 이른바 어떤 비구가 죄를 범한 뒤에 그것을 스스로 기억하지 못하면 다른 비구가 그에게 '너는 그런 죄를 범하였으니 마땅히 기억하고 대중 앞에 나아가 용서를 빌고 기억의 계율을 청하라.'고 한다. 그 비구는 곧 대중 앞에 나아가 용서를 빌고 어리석지 않은 계율을 청한다. 그 때에 대중은 스승이 가르친 그대로 그에게 어리석지 않은 계율을 준다. 그리하여 그 비구는 죄를 벗어나 싸움을 그치게 된다. 이것이 이른바 어리석지 않은 계율로써 싸움을 없애는 법이니 이 법 때문에 모든 싸움을 없앨 수 있다.

어떤 것이 이른바 제 말을 다스림으로써 싸움을 없애는 법인가.

아난아, 만일 어떤 비구가 죄상(罪相)을 알지 못하면서 '나는 널리 알고 두루 이해한다.'고 말하고 또 대중 가운데서 '여러분, 나는 이익을 얻기 어렵기 때문이다'고 말한다. 다른 비구들은 그에게 '너는 죄상을 알지 못하면서 널리 알고 두루 이해한다.'고 말한다. '너는 그런 죄를 범하였으니 대중 앞에 나아가 그 죄를 사과하고 용서를 빌라.'고 말한다.

그 비구는 곧 대중 앞에 나아가 스스로 꾸짖고 용서를 빈다.

그 때에 대중들은 스승이 가르친 그대로 그에게 제 말을 다스리는 법을 준다. 그래서 그 비구는 죄에서 벗어나 싸움을 그치게 된다. 이것이 이른바 제 말을 다스림으로 싸움을 없애는 법이니 이 법 때문에 모든 싸움을

없앨 수 있다.

어떤 것이 이른바 많은 사람의 말로써 싸움을 없애는 법인가? 아난아, 만일 두 비구가 한 곳에 살다가 갑자기 싸움이 일어나, 갖가지 말로 논쟁할 때에 제각기 한 쪽 말만을 고집한다. 즉, 한 사람이 '이것이 법이다.'하면 한 사람은 '그것은 법이 아니다.'하고, 한 사람이 '이것이 계율이다.'하면 한 사람은 '그것은 계율이 아니다.'하며, 한 사람이 '이것은 죄가 있다.'하면 한 사람은 '그것은 죄가 없다.'고 한다.

이렇게 두 비구 사이에 싸움이 일어났다가 그것이 그치면 좋지만, 만일 그치지 않으면 그들은 그곳을 떠나 다른 곳으로 가서도 또 싸우기 시작한다. 또 그곳을 떠나 도중에서 싸움이 그치면 좋지만 만일 그치지 않으

면 많은 비구들이 그들을 위해 싸움을 말린다. 즉, 어떤 이는 경전으로써 분별하여 말하고 어떤 이는 계율로써 분별하여 말하며 어떤 이는 논쟁으로써 분별하여 말한다. 이렇게 많은 사람이 분별하여 말하기 때문에 그 두 비구의 싸움은 그치게 된다. 이것이 이른바 많은 사람의 말로써 싸움을 없애는 법이니, 이 법 때문에 모든 싸움이 없어지게 된다.

어떤 것이 이른바 제가 지은 죄를 아는 것으로써 싸움을 없애는 법인가?

아난아, 만일 어떤 비구가 죄를 범한 뒤에 스스로 범한 줄을 알아, 혹은 남에게 말하고 혹은 남에게 말하지 않다가 스스로 가만히 생각하고는 다른 비구들에게 가서 가죽신을 벗어버리고 그 비구 앞에서 오른 어깨를

드러내고 오른 무릎을 땅에 대고 제 이름과 씨족을 세 번 일컫고는 이렇게 말한다.

'나는 이러이러한 죄를 짓고 감히 덮어 둘 수가 없어 존자에게 와서 참회하고 용서를 구하는 것입니다. 원컨대 존자는 내게 기쁨을 베풀어 주십시오.'

그 때 그 존자가 그 참회를 들어주면 그 비구는 곧 청정하게 된다. 존자는 그에게 말한다.

'그대는 그 죄상을 보았는가?'

'나는 이미 그 죄상을 보았습니다.'

존자는 다시 말한다.

'너는 법대로 계율을 받들어 가져야 한다.'

비구는 대답한다.

'나는 지금부터 법대로 계율을 받들어 가

지겠습니다.'

이렇게 세 번 되풀이 하나니, 이것이 이른바 지은 죄를 아는 것으로써 싸움을 없애는 법이다. 이 법 때문에 모든 싸움이 없어지게 된다.

어떤 것이 이른바 풀이 땅을 덮는 것과 같은 것으로서 싸움을 없애는 법인가? 아난아, 즉 여러 비구들이 한 곳에 모여 살다가 싸움을 일으켜 두 패로 나누어 살 때, 한 패 안에 늙은이는 늙은이와 한 곳에 있고, 법을 아는 이는 법을 아는 이와 한 곳에 있으며, 우두머리는 우두머리와 한 곳에 산다.

그 패 가운데 어떤 비구가 이익을 위하여 싸움을 일으킨다. 싸움을 일으키고는 그 대중 가운데서 이렇게 말한다.

'어느 곳의 속인 집에서의 이익을 얻기 쉬

웠습니다. 그래서 내가 그 집에 가서 설법하였더니, 그 때문에 다른 비구들이 내게 싸움을 걸어 왔었습니다. 대덕이시여, 만일 내가 그 때문에 싸우는 죄를 범하였다면 원컨대 대덕님들은 나의 그 죄를 용서하시고 또 내가 일부러 그 속인 집에 들어간 죄도 용서하소서. 나는 돌길라죄[20]를 범하였기 때문에 지금부터는 그런 죄를 짓지 않고 만일 다시 짓는다면 마땅히 대덕님들에게 와서 참회하고 용서를 빌겠습니다. 내가 지은 죄는 감히 숨겨 두지 않겠습니다.' 그 비구가 이렇게 참회할 때에, 그 패 안의 한 비구라도 그 참회를 들어주지 않으면 그 비구는 곧 다른 패로 들어간다. 거기서 가죽신을 벗어버리

20) 돌길라죄(突吉羅罪): 악작(惡作) · 악설(惡說)이라고 번역. 계율의 죄명으로 몸과 입으로 지은 나쁜 업을 말함.

고 오른 어깨를 드러내고 노장과 상좌들에게 차례로 문안하고는 도로 상좌 앞으로 돌아와 오른 무릎을 땅에 대고 합장하고 서서 대중에게 아뢴다.

'여러 대덕님들, 어느 곳 속인 집에서는 이익을 얻기가 쉽습니다. 그래서 나는 그 집에 가서 설법하였습니다. 그 때문에 어떤 다른 비구가 내게 싸움을 걸어 왔었습니다. 나는 곧 우리 대중 가운데서 법대로 용서를 구하였습니다. 그 때에 우리 대중 가운데 있는 어떤 비구가 내 참회를 들어주지 않기 때문에 일부러 여기 와서 참회하고 용서를 비는 것입니다.

여러 대덕님들, 만일 내가 그 일 때문에 싸우는 죄를 범하였다면, 원컨대 여러분은 내 죄를 용서하시고 또 내가 속인 집에서 지

은 죄도 용서하십시오. 나는 돌길라죄를 지었기 때문에 지금 여러 대덕님들 앞에서 참회하고 용서를 비는 것입니다. 나는 지은 죄를 감히 숨기지 않습니다. 원컨대 여러 대덕님들은 내 참회를 받아 주시어 내게 기쁨을 베풀어 주십시오.'

그 때에 그 대중들은 곧 그 참회를 들어주고, 그 비구는 곧 청정하게 된다. 그 상좌는 그에게 말한다.

'너는 그 죄상을 보았는가?'

비구는 대답한다.

'나는 이미 그 죄상을 보았습니다.'

상좌는 다시 말한다.

'너는 부디 법대로 계율을 받들어 지녀라.'

비구는 대답한다.

'나는 지금부터 계율을 법대로 받들어 지니겠습니다.'

이와 같이 세 번 되풀이 한다.

그 때, 다른 패 안에도 앞의 패와 같이 늙은이는 늙은이와 한 곳에 있고, 법을 아는 이는 법을 아는 이와 한 곳에 있으며, 우두머리는 우두머리와 한 곳에 있다. 그 패 안에서 어떤 비구가 이익을 위하여 싸움을 일으킨다. 싸움을 일으키고는 그 대중 가운데서 이렇게 말한다.

'어느 속인 집에서는 이익을 얻기가 쉽습니다. 그래서 나는 그 집에 가서 설법하였더니, 어떤 다른 비구가 그 때문에 내게 싸움을 걸어왔었습니다.'

아난아, 그 두 비구는 스스로 죄를 범한 것을 알고 여기 저기 다니면서 참회하고는,

서로 만났을 때에는 공경하고 문안한다. 그리하여 싸우는 인연을 없애고 온갖 시비를 그치고 다시는 분별을 일으키는 조그만 법도 없다.

이것이 이른바 풀이 땅을 덮는 것과 같은 것으로서 싸움을 없애는 법이다. 이 법 때문에 모든 싸움이 없어지게 된다.

아난아, 싸움을 없애는 이런 일곱 가지 법을 너희 비구들은 부디 명심하여야 한다.

다시 아난아, 여섯 가지 화경(和敬)하는 법이 있다. 너희들은 자세히 들어, 이 이치대로 생각하고 잘 명심하라. 나는 지금 너희들을 위하여 설명하리라.

그 여섯이란, 이른바 몸의 업을 인자하고 화하게 행하여 항상 부처님 앞에서 범행을 깨끗이 닦으며, 여러 바른 법을 존중하고 공

경하여 이치대로 수행하며, 비구들과 화합하여 함께 머무는 것이니, 이것이 이른바 몸의 업으로 화경하는 법이다.

다시 말의 업을 인자하고 부드럽게 하여 말로 어기거나 다투는 일이 없으면 이것이 이른바 말의 업으로 화경하는 법이다.

다시 뜻의 업을 인자하고 부드럽게 하여 뜻으로 어기거나 등지는 일이 없으면 이것이 이른바 뜻의 업으로 화경하는 법이다.

또 만일 법의 이익이나 세상의 이익을 얻으면 그것을 모두 고루 받는 것이니, 즉 때가 되면 발우를 가지고 차례로 걸식하여 거기서 음식 등의 물건을 얻으면 대중을 알게 하여 대중과 같이 받고 사사로운 비밀로 쓰는 일이 없다. 그래서 만일 대중이 같이 알면, 곧 범행을 같이 닦는데 이것이 이른바

이익으로 화경하는 법이다.

또 계율을 부수거나 끊지 않는 것이니, 즉 계율의 힘이 견고하여 번뇌를 떠나 청정하게 된 뒤에는 때와 장소를 알아 시주들의 음식물의 공양을 두루 평등하게 받는 것이다. 이와 같이 깨끗한 계율을 같이 닦고 같이 알아 범행을 같이 닦는 것이니, 이것이 이른바 계율로 화경하는 법이다.

또 만일 성인의 지혜로 나아가 번뇌에서 헤어나는 길을 증득하거나, 나아가서는 괴로움을 완전히 벗어나는 것을 보면 그러한 상(相)을 여실히 보고는 같이 행하고 같이 알아 범행을 같이 닦는 것이니, 이것이 이른바 소견으로 화경하는 법이다.

이런 것을 여섯 가지 화경하는 법이라 한다.

아난아, 너희 비구들은 앞에서 말한 싸움의 근본을 끊어 없애고, 싸움을 없애는 일곱 가지 법을 잘 알아서, 이미 일어났거나 혹은 일어나지 않은 싸움을 모두 없애고는 여섯 가지 화경하는 법을 같이 닦아야 한다.

만일 너희 비구들이 그렇게 행하면 동·서·남·북 어디로 가서든지 다니거나 머물거나 그것은 너희 비구들로 하여금 모두 안락을 얻고 어떤 싸움에서도 떠나게 할 것이다.

그리고 내가 열반한 뒤에도 그것은 너희 비구들로 하여금 어디서나 항상 안락을 얻게 하나니 그것은 내가 현재 세상에 살면서 설법하여 중생들을 교화하는 것과 다름이 없을 것이다."

아나빈저경

제1장 이 경을 설하는 인연

이와 같이 나는 들었다.

부처님께서 사위성 기수급고독원에 계실 때였다.

이때 아나빈저[21]에게 일곱 아들이 있었다. 그들은 불 · 법 · 승을 독실하게 믿는 마음이 없어서 부처님께 귀명하지도 않고 법에 귀명하지도 않으며 비구승에게도 귀명하지 않았다. 또, 살생하는 것도 고치지 않고, 주지 않는 것 취하는 것도 고치지 않고, 다른 사람의 아내를 간음하는 것도 고치지 않고, 함부로 말하는 것도 고치지 않고, 술

---

21) 아나빈저: 아나타핀디카 또는 아난빈저라고도 함. 사위성 급고독(給孤獨)장자의 이름. 장자에게 일곱 아들이 있었는데 1천 냥씩 주어 부처님 설법을 듣게 하여 불법에 귀의시켰음.

마시는 것도 고치지 않았다.

이 때 아나빈저 장자가 일곱 아들에게 말했다.

너희들은 이제부터 부처님께 귀명하고 법에 귀명하고 비구승께 귀명할 것이며, 또 살생하지 말며, 도둑질하지 말며, 남의 처를 간음하지 말며, 함부로 말하지 말며, 술을 마시지 말고 모두 범하지 말아야 한다."

저 일곱 아들은 말하였다.

"우리는 부처님에게 귀명하거나 법에 귀명하거나 비구승에 귀명할 수 없습니다. 살생하거나 도둑질하거나 남의 처를 간음하거나 함부로 말하거나 술을 마시지 말라는 것도 그대로 지킬 수가 없습니다."

아나빈저 장자는 말했다.

"내가 너희들에게 금 천 냥씩을 줄 것이

니, 너희들은 부처님께 귀명하며, 법에 귀명하며, 비구승에 귀명하며, 다시는 살생하거나 도둑질하거나 간음하거나 함부로 말하거나 술을 마시지 말고 모두 다 고치라."

이 때 일곱 아들이 금 천 냥을 얻고 나서 곧 부처님께 귀명하고, 법에 귀명하고, 비구승에 귀명하였다. 그리고 나쁜 행실을 고쳐서 살생도 하지 않고, 도둑질도 하지 않고, 간음도 하지 않고, 함부로 말하지 않고, 술도 마시지 않았다.

제2장 부처님께서 법을 설하심

이 때 아나빈저 장자가 일곱 아들에게 각각 금 천 냥씩을 주고는 삼귀의와 오계를 받

게 하였다. 그리고 곧 부처님이 계신 곳에 이르러 머리가 땅에 닿게 발 앞에 예를 하고 한 쪽에 앉았다.

이 때 아나빈저 장자가 부처님께 여쭈었다.

"제가 일곱 자식이 있는데 독실한 믿음도 없고 불 · 법 · 승에 대하여 기뻐하는 마음도 없습니다. 그래서 부처님께 귀명하지 않고, 법에 귀명하지 않고, 비구승에게 귀명하지 않으며, 또 살생하는 것도 고치지 않고, 도둑질하는 것도 고치지 않고, 간음하는 것도 고치지 않고, 함부로 말하는 것도 고치지 않고, 술 마시는 것도 고치지 않습니다.

그래서 일곱 자식에게 각각 금 천 냥을 주어서 부처님께 귀명하고, 법에 귀명하고, 비구승께 귀명하게 한 뒤에 다섯 가지 계율을

주었습니다. 부처님께서는 어떻게 생각하십니까. 저 일곱 자식도 꽤 복과 선한 공덕이 있어서 뒤에 좋은 과보를 얻겠습니까?"

부처님께서 말씀하시었다.

"참으로 잘했다. 장자여, 중생을 많이 이익 되게 하고 중생을 안온하게 하려하니, 하늘과 사람이 편안하겠도다. 장자여, 저 일곱 아들이 이 공덕으로 말미암아 여러 착한 공덕이 고루 갖추어졌노라. 자세히 들으라. 저 일곱 아들이 모든 선과 공덕에 의하여 얻을 과보를 내가 지금 말하겠다.

북방에 나라가 있었는데 그 성의 이름은 석실(石室)이다. 그 나라에는 곡식이 풍성하고 백성이 번성하였다. 그곳에 이라발다라 창고가 있어 무수한 백 천 가지 금 · 은 · 보화와 자거 · 마노 · 진주 · 호박 · 수정 · 유

리 등 기타 여러 묘한 보화가 가득 들어 있었다. 저 건타라국 사람들이 7년 7월 7일 동안 혹 보자기로 싸서 가져가거나 쓰고 싶은 대로 사용하여도 저 이라발다라창고는 줄어드는 것이 없었다.

장자여, 저 일곱 아들의 7천 냥 금보다 이라발다라의 큰 보화창고는 백 배 · 천 배 · 백 천배 · 무수 배나 된다. 그러나 모두 네 일곱 아들이 얻은 공덕에 미치지는 못한다.

장자여, 또 가릉거라는 나라가 있었는데 그 나라에 밀치라 성이 있었다. 그 나라에는 곡식이 풍성하고 백성이 번성하였다. 그 곳에 반주라는 보화창고가 있었는데, 그 창고에는 금 · 은 · 보화와 자거 · 마노 · 진주 · 수정 · 유리 · 산호 · 호박 등 무수한 보화가 있었다. 가능거국 백성이 7년 7월 7일 동안

가지고 싶은 대로 얼마든지 가져가도 줄어드는 것이 없었다. 장자의 일곱 아들이 가지고 있는 7천 냥의 금과 반주의 큰 보화창고와 비교하면 저 7천 냥의 금보다 백 배 · 천배 · 백 천배 · 무수 배가 된다. 그러나 일곱 아들이 7천 냥의 금으로 얻은 공덕에는 모두 미치지 못하고 비교가 되지도 못한다.

또 장자여, 비제사국의 수뢰타성에 빈가라라는 큰 보화창고가 있었다. 금 · 은 · 자거 · 마노 · 진주 · 호박 · 수정 · 유리 등 무수한 백 천 보화가 있었다. 저 비제사국에서 7년 7월 7일 동안 욕심나는 대로 얼마씩 가져가도 저 빈가라창고는 줄어들지 않았다. 장자의 일곱 아들의 7천 냥의 금과 빈가라창고와 비교하면 이 일곱 아들의 7천 냥 금보다 백 배 · 천 배 · 백 천배나 된다. 그러나

일곱 아들이 얻은 헤아릴 수 없는 공덕에는 미치지 못한다.

또 장자여, 가시국 파라내성에 양가라는 창고가 있었다. 무수한 금 · 은 · 보화가 자거 · 마노 · 수정 · 유리 · 진주 · 호박 등이 있었다. 저 일곱 아들의 7천 냥 금과 이 양가보화창고를 비교하면 저 일곱 아들의 7천 냥 금으로 얻는 공덕이 백 배 · 천 배 · 백 천 배 · 무수 배나 크다.

장자여, 이 건타월국 사람과 가능거국 사람과 비제사국 사람과 가시국 사람은 그만두고, 이 남섬부주 16대국의 남녀노소가 자기 욕심대로 이 네 곳의 보화창고에서 금 · 은 · 보화와 자거 · 마노 · 진주 · 호박 · 수정 · 유리 등을 가져가되 7년 7월 7일 동안 욕심껏 모두 가져가더라도 저 네 개의 큰 보

화창고는 줄어들지 않는다. 그러나 장자의 일곱 아들의 7천 냥의 금으로 얻은 공덕이 네 개의 큰 보화창고보다 백 배 · 천 배 · 백천배 · 무수 배나 크다."

이때에 부처님께서 게송을 말씀하셨다.

건타의 이라발다라
밀치의 반주
수뢰타의 빈가라
파라내의 양가
이 같은 네 보화창고에
가득한 가지가지 보화
한량없이 많지만
장자의 일곱 아들이
지은 공덕에는 미치지 못한다.

이 때 부처님께서 아나빈저에게 미묘한 법을 말씀하시고 기쁘게 하셨다.

아나빈저 장자가 부처님에게 미묘한 법을 듣고 곧 자리에서 일어나 오른편 어깨를 드러내고 오른 무릎을 땅에 꿇고 합장하여 부처님을 향하여 여쭈었다.

"부처님이시여, 저의 청을 받아 주소서. 비구승에게까지 맛있는 반찬과 음식을 베풀고자 하오니, 저 일곱 자식을 위하여서 입니다."

부처님께서 묵묵히 아나빈저의 청을 받으시었다. 아나빈저는 부처님께서 묵묵히 청을 받으시는 것을 보고 머리를 숙여 발에 예배하고 곧 물러나왔다. 집에 돌아와서 그 날로 맛있는 음식으로 진수성찬을 차렸다. 맛있는 반찬과 음식을 장만하고는 곧 자리

를 깔고 부처님과 제자들에게 시간이 되었음을 여쭈었다.

"지금 바로 시간이 되었습니다. 부처님이시여, 어서 오시옵소서."

이 때 부처님께서 때가 이른 것을 아시고 곧 옷을 입고 발우[22]를 가지고 제자들에게 앞뒤로 둘러 싸여 사위성의 아나빈저의 집에 가서 제자들과 함께 자리에 앉으시었다.

아나빈저 장자와 일곱 아들이 부처님 계신 곳에 와서 머리와 얼굴을 숙여 발에 예배하고 한 쪽에 앉았다.

아나빈저 장자가 부처님께 여쭈었다.

"제게 일곱 아들이 있는데 각각 천 냥의

22) 발우: '발'은 범어 발다라의 약칭으로서 응량기라고 번역하고 '우'는 중국말로 밥그릇이라는 뜻. 비구가 걸식할 때 사용하는 식기.

금을 주어서 스스로 부처님께 귀명하고, 법에 귀명하고, 비구승께 귀명하게 하였으며 다섯 가지 계율을 받게 하였습니다. 이제 원하옵나니, 부처님이시여, 이 무리에게 설법하시어 저의 일곱 자식이 부처님의 바른 소견(等見)을 얻게 하여 주소서."

부처님은 아나빈저 장자에게 말씀하셨다.

"그리 하여라, 장자여. 그리 하여라, 장자여."

아나빈저 장자가 부처님과 비구승이 좌정하신 것을 보고 일곱 아들과 함께 맛있는 음식으로 공양을 올렸다.

아나빈저 장자와 일곱 아들이 맛있는 음식으로 부처님과 제자들께 공양을 드린 뒤에 부처님께서 공양을 마치고 발우를 거두

시는 것을 보았다.

아나빈저 장자가 부처님 앞으로 가서 예배하고 한 쪽에 물러나 앉았다.

이 때 부처님께서 그의 일곱 아들에게 미묘한 법을 말씀하셨다.

부처님께서는 아나빈저의 일곱 아들이 지극한 마음으로 법을 듣는 것을 아시고 여러 부처님이 항상 말씀하신 고·집·멸·도의 사제를 말씀하셨다.

제3장 부처님의 당부

부처님께서 아나빈저 장자의 일곱 아들에게 설법하시니, 각각 앉은 자리에서 모든 번뇌가 없어져서 더러운 것이 없이 법안을

얻었다.

그들이 이미 법을 보았으므로 깊은 법을 얻어 의심이 없게 되었고 머뭇거림과 두려움도 없게 되었다. 부처님의 깊은 법을 해득하였으므로 스스로 부처님께 귀명하고, 법에 귀명하고, 비구승에게 귀명하여 오계를 받았다.

이 때 부처님께서 아나빈저와 일곱 아들에게 다시 거듭 설법하시고 자리를 일어나 돌아가셨다.

아나빈저 장자와 일곱 아들이 부처님의 말씀을 듣고 기뻐서 곧바로 받들어 행하였다.